本书获得国家自然科学基金课题“基于复杂网络理论的银行间市场流动性风险传染机制及其免疫策略研究”（项目编号：71463003）的资助

经济管理学术文库 • 金融类

商业银行流动性风险及其传染研究

The Research on Liquidity Risk and its Contagion in Commercial Banks

谭春枝　张　敏　谭文凯／著

经济管理出版社
ECONOMY & MANAGEMENT PUBLISHING HOUSE

图书在版编目（CIP）数据

商业银行流动性风险及其传染研究/谭春枝，张敏，谭文凯著．—北京：经济管理出版社，2020.9

ISBN 978－7－5096－7502－1

Ⅰ.①商… Ⅱ.①谭… ②张… ③谭 Ⅲ.①商业银行—风险管理—研究 Ⅳ.①F830.33

中国版本图书馆 CIP 数据核字(2020)第 164425 号

组稿编辑：曹　靖
责任编辑：杜　菲
责任印制：黄章平
责任校对：张晓燕

出版发行：经济管理出版社
（北京市海淀区北蜂窝 8 号中雅大厦 A 座 11 层　100038）
网　　址：www. E－mp. com. cn
电　　话：（010）51915602
印　　刷：北京虎彩文化传播有限公司
经　　销：新华书店
开　　本：720mm×1000mm/16
印　　张：10.75
字　　数：174 千字
版　　次：2020 年 12 月第 1 版　　2020 年 12 月第 1 次印刷
书　　号：ISBN 978－7－5096－7502－1
定　　价：78.00 元

前　言

2013 年下半年，我国银行间市场经历了两次比较严重的流动性紧张；2014 年以来，由于很多银行利用银行间市场短期资金来支撑影子银行业务的发展等，流动性需求持续上升，同业交易量快速增加，银行业系统风险不断积累；2017 年 4 月 28 日和 5 月 2 日，我国银行间市场再次出现流动性紧张，7 天同业拆借利率创下两年来的新高。近年来，党中央、国务院多次提出要采取积极措施，加强防范经济金融领域可能出现的风险。十八届五中全会重点强调要推进股票和债券发行及交易制度等方面的改革，由此加强金融领域的风险防控能力；党的十九大报告则提出要深化金融体制改革，增强金融服务实体经济的能力，健全金融监管体系，守住不发生系统性金融风险的底线；习近平主席于 2019 年 1 月 21 日在中央党校开班式上强调要增强忧患意识，未雨绸缪，精准研判，妥善应对经济领域可能出现的重大风险。因此，在我国银行间市场多次出现流动性紧张，而党中央、国务院反复强调要采取积极措施防控金融风险的现实背景下，加强对我国商业银行流动性风险的研究就显得尤为迫切和重要。

虽然国内外学者做了大量研究，但是宏观经济对商业银行流动性风险的影响并未得出较为一致的结论；不同类型货币政策对商业银行流动性风险的影响机制及影响渠道尚未明晰；银行流动性风险的传染机理、起决定性作用的影响因素及其影响效应等都鲜有涉及。本书在前人研究的基础上利用金融学、计量经济学、复杂性理论、统计物理学、数理知识和计算机技术等，不仅从宏观经济、货币政策等方面深入分析我国商业银行流动性风险的形成机理，构建一系列的计量模型进行实证检验，而且对我国银行业流动性风险的传染机理进行探究，对传染效应进行模拟，并在此基础上对流动性风险传染的影响因素进行识别，对其影响效应进行检验。归纳起来，本书的研究内容可分为前后联系紧密的五个部分。其主要内容和重要结论如下：

第一部分是绪论。对研究背景与研究意义、国内外文献、研究内容与方法以及创新点分析和阐述。

第二部分是现状分析。在对流动性及流动性风险的相关概念进行界定的基础上，对我国商业银行流动性风险从不同的层面和角度进行深入分析。结果表明：商业银行流动性风险随着宏观经济的波动而变化，在一定程度上体现出流动性风险的顺周期性特征。即经济处于繁荣发展的上升时期，我国商业银行流动性风险逐渐积累，经济处于下行期时我国商业银行流动性风险下降。

第三部分是我国商业银行流动性风险形成机理分析。涵盖两章内容：一是宏观经济与我国商业银行流动性风险；二是货币政策与我国商业银行流动性风险。在探究宏观经济对银行流动性风险的影响机理中，利用 2003 ~ 2016 年 84 家商业银行相关数据进行实证检验，结果表明：宏观经济波动对我国商业银行流动性风险具有显著的正向影响；宏观经济波动对商业银行流动性风险的影响不具有对称性，即在整体经济环境较差时，宏观经济波动对商业银行流动性风险的正向影响更为显著；对于资本充足率较高、规模较大的银行，受到宏观经济波动对银行流动性风险的影响较小；银行杠杆率的提高，使得宏观经济波动对商业银行流动性风险的作用更强。

在挖掘货币政策对商业银行流动性风险的影响机理中，利用 2008 ~ 2017

年157家商业银行的相关数据进行实证检验，结果表明：扩张型货币政策使得商业银行承担更多的流动性风险；在经济下行期，扩张型货币政策对流动性风险的扩张效应减弱；对于上市银行和非上市银行而言，扩张型货币政策对流动性风险的扩张效应并不具有异质性；在货币政策对流动性风险的影响过程中银行信贷行为是重要的传导渠道，即扩张型货币政策会导致商业银行信贷规模扩大，而信贷规模的扩大会提升银行流动性风险。

第四部分是我国商业银行流动性风险传染效应分析。涵盖两章内容：一是银行流动性风险传染机理及传染模拟；二是银行流动性风险传染影响因素分析。在银行流动性风险传染机理及其模拟中，构建了我国银行间市场网络，根据我国实际构建银行流动性风险传染的理论模型，并对其机理进行深度分析，再结合银行业的实际数据，对我国银行流动性风险的传染进行模拟，并从流动性囤积额度和流动性短缺额度两个层面，对传染效应进行细致全面的分析。结果表明：面对流动性冲击，我国银行系统是脆弱的；在样本期内，2010年流动性风险传染效应最小，银行系统相对最稳定，2013年次之，从2014年开始，流动性风险传染效应开始加大，我国银行系统的不稳定性在逐步提升；在流动性风险传染中，除国有控股银行出现流动性危机会带来较大的传染效应外，民生银行、浦发银行和光大银行等股份制银行以及北京银行、宁波银行等城商行若出现流动性危机，也会引发较大的流动性风险。

在银行流动性风险传染影响因素的计量分析中，通过对影响因素进行识别和敏感性检验，可知银行系统的现金储备率、有价证券占比、回购债务比率以及触发银行的无担保银行同业资产占比、资产折价率和囤积银行召回的无担保同业资产比例对我国商业银行流动性风险传染均具有显著的影响。从影响程度来说，资产折价率的影响程度最大，其次是系统回购负债率，再次是流动性囤积银行对银行间无担保资产的撤回比例，对流动性风险传染影响程度较弱的是现金准备金率和触发银行的无担保同业资产比率。此外，在控制了银行系统现金储备占比、有价证券占比、逆回购占比、回购占比、资产折价率以及同业资产撤回比例六个变量的基础上，通过计量模型检验了银行规模、资产关联度和负债关联度对流动性风险传染的影响，结果表明：银行资产关联度越高，流动性风险传染越严重；而对于银行负债关联度，其对流动性风险的传染没有影响；银行的相对规模对流动性风险传染具有负向影响，而且该影响具有异质性，即对于上市银行而言，银行的相对规模越小，流动性风险传染效应越大。

第五部分是主要结论及政策建议。总结全书的主要结论，提出相关政策建议。对银行机构而言，要建立动态的、差异化的流动性缓冲机制；优化资产负债结构和期限结构；加强信贷规模和信贷质量的管理；丰富金融产品、增加资产种类。对监管机构而言，要根据经济繁荣与否调整监管标准，实施差异化的监管模式；科学地设定监管标准的下限；加强对同业业务快速扩张银行的监督；努力提升管控银行流动性风险的能力；加强对系统重要性银行的监管。

目　录

第一章　绪论

第一节　研究背景与研究意义

2013年6月，我国银行间市场经历了一次非常严重的流动性紧张，隔夜回购利率和7天回购利率分别达到了史无前例的30%和28%，商业银行的流动性风险由此受到了监管当局和学术界的广泛关注。实际上，我国银行间市场的钱荒并不是某一时期的偶发现象，只是多数情况下不是特别严重从而没有引起足够的注意（吴念鲁等，2017）。范建军（2014）选择超过4%的同业拆借月加权平均利率衡量钱荒现象，发现在2011～2013年我国同业市场共出现了6次钱荒现象。2014年以来，由于很多银行利用银行间市场短期资金来支撑影子银行业务的发展等，流动性需求持续上升，同业交易量快速增加，银行业系统风险不断积累。2017年4月28日和5月2日，银行间市场再次出现流动性紧张，7天同业拆借利率创下2年来的新高（郭晔等，2018）。

与此同时，近年来党中央、国务院多次提出要采取积极措施，加强防范经济金融领域可能出现的风险。十八届五中全会重点强调要推进股票和债券发行及交易制度等方面的改革，由此加强金融领域的风险防控能力；党的十九大报告则提出要深化金融体制改革，增强金融服务实体经济的能力，健全金融监管体系，守住不发生系统性金融风险的底线；习近平主席 2019 年 1 月 21 日在中央党校开班式上再次强调要增强忧患意识，未雨绸缪，精准研判，妥善应对经济领域可能出现的重大风险。

因此，在我国银行间市场多次出现流动性紧张，党中央、国务院反复强调要采取积极措施防控金融风险的现实背景下，加强对我国商业银行流动性风险的研究就显得尤为重要。

国内外学者进行了相关研究。在流动性风险影响因素方面，很多学者从银行制度本身（Diamond & Dybvig，1983）或银行内部（刘海虹，1999；Rajan & Bird，2001；叶路平和秦念茹，2014；崔婕和李凯，2017；高磊，2018）来研究流动性风险的形成机理；也有学者从银行业外部如宏观经济方面（Al - Harbi，2017；许争，2016；史贞等，2019）、金融监管（Mian & Sufi，2009；魏国雄，2012）、投资者行为（高磊，2018；王灵芝和吴忠，2013）以及货币政策（Farhi & Tirole，2012）来研究其对银行流动性风险产生的影响。

在商业银行流动性风险传染方面，大部分学者是基于银行间市场渠道来研究流动性风险的传染（Allen & Gale，2000；Diamond & Rajan，2005；Seung Hwan Lee，2013；彭建刚等，2013；Gai & Kapadia，2011；吴念鲁等，2017）；一部分学者从资产市场的渠道来进行相关研究（Allen & Gale，2000，2004）；此外，还有一些学者从大额支付系统（黄聪和贾彦东，2010；童牧和何奕，2012）、衍生品业务（李研妮和冉茂盛，2011）、挤兑等渠道来研究流动性风险的传染。

在银行流动性风险管理方面，进行相关研究的文献主要可归为三类：微观管理、宏观管理和综合管理。例如，Kashyap 等（2002）、金秀等（2007）、童频和丁之锁（2000）等从微观方面提出了银行流动性风险管理的思想和方法；Miron（1986）、Cooper 和 Ross（1998）、Repullo（2000）、Gropp 和 Vesafa（2004）、Repullo（2005）、金煜（2007）提出了银行流动性风险管理的宏观方法；此外，鉴于复杂的流动性风险成因，Gai 等（2011）、彭建刚等（2012）、周吉人（2013）从综合视角提出了银行流动性风险管理的措施。

虽然国内外学者做了大量研究，但是宏观经济对商业银行流动性风险的影响并未得出较为一致的结论；不同类型货币政策对商业银行流动性风险的影响机制及其影响渠道尚未明晰；银行流动性风险的传染机理、起决定性作用的影响因素及其影响效应等都鲜有涉及。

那么，宏观经济对我国商业银行流动性风险的影响到底如何？货币政策对我国商业银行流动性风险会产生什么样的影响？其具体的影响机制和影响效果又是怎样？由于政府信用的隐性担保，我国银行业目前没有爆发流动性风险的传染。但随着金融体制改革的进一步深化，政府信用从金融体系中退出已成必然，商业银行的诸多风险隐患很可能会导致异质性流动性冲击在银行间的广泛传播。与此同时，随着信用链的延长及内部交易的激增，银行系统呈现出更高的复杂度、集中度和关联度，银行间的债权债务关系网也因此变成了一个高度关联的复杂网络（Shin，2009）。在复杂的债权债务网络中，我国商业银行流动性风险的动态传染机制如何？传染范围怎样？传染所带来的破坏效应有多大？哪些因素与我国商业银行流动性风险传染效应相关？在这些影响因素中，起决定性作用的因素有哪些？基于我国商业银行流动性风险的形成及传染机理，应如何降低银行的流动性风险？如何防范我国商业银行流动性风险可能存在的传染？等等。在当前银行业流动性风险日趋加大且强化对金融风险的管控已成我国政府及相关监管部门重心的背景下，对这些问题的回答不仅具有重要的理论价值，还具有较大的现实意义。

第二节 国内外研究综述

与本书研究主题密切相关的文献主要可以归为三大类：一是商业银行流动性风险影响因素研究；二是商业银行流动性风险传染研究；三是商业银行流动性风险管理研究。

一、商业银行流动性风险影响因素研究

银行通过流动性的转换与创造来为整个社会创造流动性，从而使得流动性风险成为银行体系与生俱来的问题（Diamond & Dybvig，1983），商业银行资产负债的期限错配因此也成为了流动性风险产生的根本原因。有很多因素会影响商业银行流动性风险的大小，归纳起来既有银行内部因素，也有外部因素。在内部因素方面，银行规模会加大流动性风险，而银行的内部治理能力则会降低流动性风险（叶路平和秦念茹，2014）；银行资产负债结构在短期内给银行流动性缺口带来负向影响效果，但从长期来看，其对银行流动性的影响方向具有不确定性。也有学者从商业银行的创新业务或创新产品角度来研究其对银行流动性风险的影响。例如崔婕和李凯（2017）通过研究发现，商业银行金融衍生工具的运用会增加其面临的流动性风险。高磊（2018）的研究表明，资产证券化对于商业银行来说，在经济平稳时相当于提升了其流动性；当经济高涨时，商业银行的这些创新业务或产品会导致资产价格虚高，进而出现非理性繁荣的状态；而当经济泡沫破裂时，资产价格会发生大幅下跌，商业银行也随之会出现流动性缺口，并有可能会引发流动性危机。此外，也有学者从银行其他角度来阐述其对流动性的影响。例如，Ariccia 和 Marquez（2006）早在 2008

年金融危机爆发前已经发现银行业的内部竞争因扩张信贷规模而加剧，银行为率先占据行业份额主动放松信贷审核门槛的做法会导致更严重的流动性风险。

在外部影响因素中，宏观经济、金融监管和投资者行为都会对银行流动性风险产生影响。Al – Harbi（2017）基于发展中国家的银行样本进行相关研究，结果表明通货膨胀率给银行的流动性风险带来负向影响；许争（2016）在构建宏观经济与银行流动性风险之间理论模型的基础上，对两者的关系进行了实证研究，结果表明宏观经济对商业银行流动性风险的影响呈现负相关；史贞等（2019）的研究则表明，宏观经济增长对商业银行流动性的影响表现出正负波动的不确定性，即宏观经济的影响具有两面性，宏观经济增长可能会增加其流动性风险，也可能会降低其流动性风险。在金融监管方面，有些学者如魏国雄（2012）通过研究发现，《巴塞尔协议Ⅲ》的实施会使商业银行流动性水平下降，进而加大银行的流动性风险。投资者行为涵盖了交易策略、风险规避以及投资者情绪等，这些行为会影响存贷款以及资产价格等，从而影响商业银行的流动性风险（高磊，2018）。王灵芝和吴忠（2013）通过对投资者的交易策略进行实证检验得出，正反馈交易策略会降低市场效率、加大流动性风险。此外，还有一些学者从货币政策的角度来研究其对商业银行流动性风险的影响。例如，Farhi 和 Tirole（2012）从利率角度研究流动性风险，结果表明美国低利率政策的实施导致其银行流动性风险加大，并最终引发了 2008 年的金融危机。

二、商业银行流动性风险传染研究

许多学者对商业银行流动性风险传染进行了研究，按照传染渠道可将这些研究分为三大类：基于银行间市场渠道的研究、基于资产市场渠道的研究以及基于其他渠道的研究。大部分学者是从银行间市场这个主渠道来研究流动性风险传染的。较早从该角度阐述了银行流动性风险传染的学者是 Allen 和 Gale（2000）他们构建了包含四个银行的网络结构，并指出当银行间市场结构是完全市场时一个银行初始流动性冲击的影响可以减弱，该银行系统可以实现最优风险分担；当银行间市场结构是不完全市场时，该系统也可以实现最优风险分担，但在面临流动性冲击时表现得更脆弱，更容易发生风险的传染。Seung Hwan Lee（2013）扩展了Allen和Gale（2000）的网络结构，构建了6种包含4个银行的同业网络结构来分析流动性风险的系统性特征，并研究得出：在一个中心—边缘网络结构中，若处于中心位置的银行出现赤字，那么该网络会引起更高水平的系统性流动性短缺。Gai等（2011）则改变了构建简单的网络结构的做法，将复杂网络理论引入流动性风险传染的研究中，在构建无标度银行网络和随机银行网络的基础上，分析了一家银行流动性风险如何在银行网络内广泛传播的，并论证了在无担保的银行间市场中，回购业务、贬值冲击（Haircut Shocks）和流动性积聚都很可能会扩大危机的蔓延，导致系统崩溃。张锋华和李红刚（2013）则在有向有权随机网络和无标度网络的基础上构建了一个银行网络流动性动态配置的多主体模型，来模拟金融危机中银行网络流动性再分配过程。吴念鲁等（2017）基于2013年94家金融机构的相关数据构建了中国银行间市场网络，研究了不同冲击下我国银行同业之间流动性风险的传染机制和后果。此外，Diamond和Rajan（2001，2005）等也从银行间市场对流动性风险传染进行了一定的研究。

随着银行间市场提供流动性的渠道被严重破坏，银行通过跳楼价销售资产的方式寻求流动性时，流动性风险就转移到资产市场，从而资产市场也就成为了流动性风险传染的另一渠道。一些学者从该角度对流动性风险传染进行了研究，如Allen和Gale（1998，2004，2005）认为在不完全市场中，流动性供给和需求在短期可能无弹性，金融市场只能有限吸收资产的销售，这增加了资产价格的波动。

此外，还有一些学者从其他角度如大额支付系统、衍生品业务、挤兑等渠道来研究流动性风险的传染。黄聪和贾彦东（2010）、童牧和何奕（2012）研究了流动性风险在支付系统内的传染；等等。

三、商业银行流动性风险管理研究

对于银行流动性风险管理的研究，主要可归为微观管理、宏观管理和综合管理三类。

在微观管理方面，Kashy 等（2002）提出了商业银行流动性决策模型，通过实证研究发现：流动性储备与活期存款和授信放款额度正相关，与流动资产成本负相关。金秀等（2007）构建了银行资产负债管理的多阶段随机规划模型，并进行了实证分析。张维等（2004）通过对我国主要商业银行进行实地调研，设计了流动性风险管理决策程序的模式。刘纪学（2013）在分析我国银行业流动性管理存在不足的基础上指出，在利率市场化改革加速背景下，我国银行业亟待加强市场流动性风险意识，提升资产负债管理水平，健全流动性风险管理框架，完善流动性风险管理技术。流动性风险往往是系统性和传染性的，仅靠银行自身的力量无法从根本上解决，必须从宏观角度进行必要的制度安排，如最后贷款人制度和存款保险制度。

在宏观管理方面，Miron（1986）的研究表明，美联储成立前，美国的银行恐慌时有发生，而在其成立之后，美国银行恐慌的频率立刻下降。Repullo（2000）则研究了不完全合同下最后贷款人职能的最优配置，指出若经常发生较小流动性问题，中央银行应作为最后贷款人，但当流动性问题严重时，则应将最后贷款人的职能赋予存款保险人。虽然最后贷款人制度有助于管理银行流动性风险，但其会带来道德风险。Goodhart（1987）和 Repullo（2005）进行了相关研究。对于存款保险制度，Gropp 和 Vesafa（2004）选择欧盟国家作为研究样本，认为市场导向存款保险制度确实能降低银行的风险行为并促进金融体系稳定；金煜（2007）则从 D－D 模型出发，研究得出应建立存款保险制度或为银行存款提供政府担保以避免挤兑。与最后贷款人制度类似，存款保险制度也可能带来道德风险。Demirguc – Kunt 和 Detragiache（2002）以 1980 ~ 1997 年 61 个国家作为样本进行实证研究，发现非风险调整的存款保险定价制度严重危害了银行系统的稳定。Cooper 和 Ross（1998）等也进行了类似研究。流动性风险的成因很复杂，近年来有少部分学者从综合角度提出了流动性风险管理策略。

在综合管理方面，Gai 等（2011）在模拟流动性风险在复杂网络中传染的基础上，指出要实施更严格的微观审慎流动性监管和动态的宏观审慎监管，并征收系统重要性机构的附加费等。彭建刚等（2012）以《巴塞尔协议Ⅲ》为背景，在分析国际银行业流动性风险监管新动向的基础上，提出我国银行监管部门应以防范系统性风险为目标、建立宏观审慎与微观审慎相结合的流动性风险监管制度。周吉人（2013）则在分析 2013 年 6 月中下旬发生的流动性恐慌的原因基础上，提出加强市场流动性监控、夯实银行风险管理基础、筑好风险防火墙、深化金融体制改革等措施。

四、文献评述

在银行流动性风险影响因素方面，目前掌握的文献中，仅发现极少数学者如 Farhi 和 Tirole（2012）从利率角度研究商业银行流动性风险，但该文献并未考察不同类型货币政策对银行流动性风险的影响，也未检验货币政策对银行流动性风险的影响渠道。与此同时，虽然有少量学者如许争（2016）和史贞等（2019）就宏观经济对商业银行流动性风险的影响进行了研究，但未能得出一致的结论。

在银行流动性风险传染方面，国内外学者在相关方面进行了大量研究。虽然大部分研究是从银行间市场这个主渠道来进行，但基于复杂银行网络的传染研究很少；即使有极少数学者（Gai et al.，2011；张锋华和李红刚，2013）在复杂银行网络的基础上进行了相关理论研究，但他们只对影响流动性风险传染的某些影响因素进行分析，且没有深度挖掘哪些影响起决定性作用。

在我国银行业的实证研究方面，目前文献也较少，而且只是基于某一年部分金融机构的相关数据构建中国银行间市场网络，在此基础上模拟研究不同冲击下，我国银行同业之间流动性风险的传染机制和后果，但并未对我国银行流动性风险在复杂的债权债务网络中的动态传染机制进行研究，也未对银行流动性风险及其传染的防控进行细致全面的探讨。

第三节 研究内容与方法

一、研究内容

本书的研究内容包括紧密联系的七章。

第一章是绪论。首先对研究背景和研究意义进行阐述；其次对国内外研究进行综述，具体包括商业银行流动性风险影响因素的研究、商业银行流动性风险传染的研究、商业银行流动性风险管理的研究以及文献评述；再次是研究内容与方法；最后是主要创新论述。

第二章是商业银行流动性风险概述。首先对流动性及流动性风险进行了界定；其次对我国商业银行流动性风险的总体特征进行了分析；再次是对我国商业银行资产流动性风险进行分析，具体包括资产流动性风险的总体分析和分类分析；最后是对我国商业银行负债流动性风险的分析，具体包括负债流动性风险的总体分析和分类分析。

第三章是宏观经济与我国商业银行流动性风险。首先就宏观经济波动对我国商业银行流动性风险的影响进行理论分析，并在此基础上提出基本研究假设；其次设计了一系列的实证模型，以期对基本研究假设和是否具有对称效应、异质性进行检验；再次是在利用2003～2016年84家商业银行相关数据的基础上，就基本假设、是否具有对称效应和异质性进行实证回归，并对实证结果进行分析；最后为了检验相关结论的准确性，还用多种方法进行一系列的稳健性检验。

第四章是货币政策与我国商业银行流动性风险。首先对货币政策影响银行流动性风险进行理论分析，并在此基础上提出多个研究假设；其次构建一系列的实证检验模型；再次利用2008～2017年157家商业银行的相关数据进行实证检验，并进行实证结果分析；最后为了保证实证结果的准确性，还用多种方法进行稳健性检验。

第五章是我国商业银行流动性风险传染机理及传染模拟。首先对我国银行间市场网络的构建和估计进行阐述；其次根据我国实际对银行流动性风险传染的理论模型进行构建，对其机理进行深度分析；最后在流动性风险传染机理分析的基础上结合银行业的实际数据，对我国银行流动性风险的传染进行模拟，并从流动性囤积额度和流动性短缺额度两个层面对传染效应进行多维度、细致全面的论述。

第六章是我国商业银行流动性风险传染影响因素的计量分析。首先对计量分析所需数据及其来源进行说明；其次利用第五章模拟传染的结果及两个层面的相关统计数据，分别对我国商业银行流动性风险传染的影响因素从两个层面进行计量分析，并对相关影响因素的影响进行敏感性和异质性研究，以深入探究影响因素对我国商业银行流动性风险传染影响效应的大小及其相关的影响机理。

第七章是结论及政策建议。从银行流动性风险形成机理和流动性风险传染效应及其影响因素两方面来总结全书的主要结论；在此基础上提出相关政策建议。对银行机构而言，要建立动态的、差异化的流动性缓冲机制；优化资产负债结构和期限结构；加强信贷规模和信贷质量的管理；丰富金融产品和增加资产种类。对监管机构而言，要根据经济繁荣与否调整监管标准，实施差异化的监管模式；科学地设定监管标准的下限；加强对同业业务快速扩张银行的监督；努力提升管控银行流动性风险的能力；加强对系统重要性银行的监管。

二、研究方法

本书采用定性与定量、计算实验与计量分析相结合的分析方法，形成集复杂性科学、网络拓扑学、统计学、金融学和仿真模拟、计算机技术及数理技术等多学科、多技术交叉融合的综合分析架构。

（一）定性分析与定量分析相结合

本书在大量阅读相关文献的基础上，首先利用定性分析法对银行间市场网络模型、宏观经济和货币政策等对商业银行流动性风险影响机制、银行流动性风险传染机理及其防控等进行分析、比较、总结和概括，然后采用公式、符号、图形等定量分析方法构建相应的数理模型，通过定性和定量分析相结合的方法，归纳凝练我国商业银行流动性风险的形成机理、我国商业银行流动性风险传染的动态效应以及相关影响因素的作用机理。

（二）计算实验与计量分析相结合

计算实验是以综合集成方法论为指导，融合计算技术、复杂系统理论和演化理论等，通过计算机再现管理活动的基本情景、微观主体之行为特征及相互关联，并在此基础上分析揭示管理复杂性及演化规律的一种新兴研究方法（盛昭瀚和张维，2011）。本书采用计算实验方法，利用 C^{++} 语言以及 Matlab 软件设计、模拟不同年份我国银行间市场网络结构及其动态变化，以及在外生性、异质性、流动性冲击下我国商业银行流动性风险的传染范围和传染效应。与此同时，本书还巧妙利用计算实验所产生的海量模拟数据，结合我国银行业的相关实际数据，建立一系列的计量模型，对影响我国商业银行流动性风险传染的相关影响进行实证分析，在此基础上进行敏感性分析，以期深度挖掘影响我国商业银行流动性风险传染的重要因素及其传染效应。

第四节　主要创新

一、研究内容的创新

以货币政策为切入点，研究宏观经济政策、微观银行信贷行为和所承担的流动性风险之间的关系，厘清了不同类型的货币政策对流动性风险的影响，验证了银行信贷行为作为货币政策作用于银行流动性风险的传导渠道，丰富了宏观经济政策与微观银行治理之间的相关研究，有助于货币当局、监管当局以及银行对流动性风险的管理和监测，为理解和评估货币政策作用于微观银行治理的政策效果提供了新视角和新证据。

构建了一个涵盖有价证券等银行资产负债表项目、资产折价冲击以及债务银行对债权银行流动性囤积行为的反应等要素的流动性风险传染的理论分析框架，并在此基础上利用2010～2016年129家银行的相关数据，从流动性囤积和流动性短缺两个视角对我国商业银行流动性风险动态传染效应进行研究。

巧妙利用我国银行系统2010～2016年流动性风险传染的动态演化结果以及129家金融机构的相关数据，构建了多个计量模型来识别和检验影响银行流动性风险传染的因素及其重要程度，并对银行规模、银行关联度对流动性风险传染的影响及其机理进行了实证检验。

二、研究方法的创新

本书将计算实验与计量分析相结合，来研究我国商业银行流动性风险的动态传染效应。现有的相关研究一般是利用计算实验来模拟、分析影响因素发生变化给银行流动性风险传染带来怎样的影响。本书不但利用计算实验获取的相关数据来系统剖析商业银行流动性风险传染的范围、所带来的破坏程度以及在流动性风险传染中哪些银行发挥重要的作用，还将计算实验与计量分析相结合，巧妙地利用计算实验产生的海量数据，建立合理的计量模型，分析各类影响因素及其变化给银行流动性风险传染带来怎样的影响，并且进一步深度挖掘各类影响因素对银行流动性风险传染影响程度的大小。

第二章　商业银行流动性风险概述

第一节　流动性及流动性风险

一、流动性的界定和分类

流动性是指资产便于在市场上出售变现而不至于有太大损失的能力以及商业银行或企业等经济主体方便地筹措到资金而不至于花费太多成本的能力。流动性的高低虽然与经济主体的生产经营活动能否顺利开展息息相关，但并不是流动性越高越好，也不是流动性资产越多越好，因为流动性与盈利性是矛盾的，流动性越高，往往意味着盈利性越低（谭春枝等，2018）。因此，商业银行或企业等类型的经济主体需要保持流动性与盈利性的良好平衡，以便既能获得较好的盈利性，又不至于面临较大的流动性风险。

依据资金来源的不同，可将流动性划分为资产流动性和融资流动性。资产流动性也称市场流动性，是指短时间内将资产以不发生损失的价格进行变现的能力；融资流动性是指短时间内通过出售资产或增加借款等方式获取资金的能力。

根据提供流动性主体的不同，可将流动性划分为政府、中央银行、企业及金融机构四类。政府流动性即政府出于偿还到期债务的目的，通过发行新债或者出售资产等方式获取资金的能力。中央银行流动性即中央银行通过降低存款准备金率或贴现率，在公开市场上进行购买操作以向市场投放货币、提高市场流动性的能力。企业[①]流动性即企业通过各种渠道（如发行股票、发行债券等）及时获取现金以满足日常经营活动和偿还债务的能力。金融机构的流动性即指金融机构为满足自身现金需求而进行的资产变现和融资的能力。商业银行从属于金融机构，商业银行的流动性是指商业银行应对存款人随时提取现金需求、按时支付到期债务以及正常发放贷款的能力。保持适当的流动性对银行自身、国家以及全球经济都具有重要的意义。

二、流动性风险的界定和分类

风险是一个人们常用的概念，学术界对风险的界定有多种。但归纳起来有广义和狭义之分。广义的风险是指不确定性，即结果发生变化的可能性，既可能是损失，也可能是收益；狭义的风险是指发生损失的可能性（谭春枝等，2018）。

流动性风险是指由于缺乏流动性而给经济主体造成的不确定性影响。与流动性的分类相似，流动性风险也可以根据资金来源的差异和提供流动性主体的差异来进行分类。

根据资金来源的差异，可将流动性风险划分为资产流动性风险和融资流动性风险。资产流动性风险是指经济主体的资产不能按照合理的价格及时变现，

① 此处的企业是指除金融机构以外的一般工商企业。

从而使得经济主体遭受损失的风险。缺乏市场深度或市场失灵是造成这种风险的主要原因。融资流动性风险是指经济主体不能及时以合理的成本筹措到所需资金而产生的风险。

根据提供流动性主体的差异，可将流动性风险划分为政府、中央银行、企业及金融机构四类。政府流动性风险即政府财政收支失衡而无法获取资金以及时偿还到期债务，从而使得政府信用受损、政府职能无法正常发挥的风险。中央银行流动性风险即一国中央银行货币政策在实施过程中出现流动性短缺，进而使得一国利率和通货膨胀水平发生变化，从而影响经济稳定，并对经济造成不良影响的风险。企业流动性风险即企业通过各种渠道无法及时获取充足的现金以满足日常经营活动和偿还债务，导致企业亏损或破产的风险。金融机构流动性风险即在外部环境不断变化的情况下，金融机构无法以合理成本及时获取充足的资金以满足自身现金需求和保证正常经营的风险。

此外，根据风险发生范围的不同，流动性风险还可以划分为个体流动性风险和系统流动性风险。单个经济主体因自身流动性不足而产生的流动性风险称为个体流动性风险。个体流动性风险在整个经济体中传播，并导致市场中其他经济主体也相继出现流动性不足，由此产生的整个系统流动性不足的风险称为系统流动性风险。

三、银行流动性风险的影响因素

总体来说，商业银行流动性风险是指银行无法及时、合理获取到充足资金满足客户的存、贷、取等需求，从而影响银行正常经营活动的风险。银行流动性风险产生的根本原因是由其经营方式决定的。Diamond 和 Dybvig（1983）认为商业银行的经营方式是将流动性不足的资产转化为流动性较高的负债，这是产生流动性风险的内在动力（徐丽丽，2016）。通俗地讲，银行自诞生起，其服务的本质即将短期负债转变为中长期资产（如贷款等），这种“借短贷长”

的行为在银行资产负债表中体现为资产与负债的期限错配。如果银行的短期债权人出现挤兑行为或不规则变化，那么银行的中长期资产就难以获得稳定的资金来源，从而就产生了流动性风险。由于银行主要是通过流动性的转换与创造来为整个社会服务的，因此可以说流动性风险是银行体系与生俱来的。银行流动性风险的大小受很多因素的影响，既有内部因素，也有外部因素。

在内部因素影响方面，银行规模、内部治理能力及其创新业务等都会对流动性风险产生影响。银行规模会加大流动性风险；由于健全的内部控制制度能较好地提升流动性风险管理的效果、促进相关信息的交流和传递等，因而银行的内部治理能力会降低流动性风险水平（叶路平和秦念茹，2014）。银行的创新业务也会给其流动性风险带来复杂的影响。一方面，商业银行的一些表外业务、代客业务以及资管业务等都会对银行的流动性带来影响。例如，银行的理财业务，经常会涉及资金的集中支付或流入，在宏观流动性出现紧张时，银行会面临较大的流动性风险（魏国雄，2012）。另一方面，银行通过证券化等方式创造出了诸多新型金融产品，当经济平稳发展时这些创新产品因为能提供流动性而降低商业银行的流动性风险，但当经济发展到一定程度时，金融产品的创新会引发银行流动性过剩，进而带来经济过度繁荣，此时如果经济泡沫破裂，金融资产价格会发生暴跌，银行流动性会迅速下降甚至引发流动性危机（高磊，2018）。

在外部影响因素方面，宏观经济、金融监管和投资者行为以及货币政策等都会对银行流动性风险产生一定的影响。现有文献的研究都表明宏观经济会对银行流动性风险产生影响，但他们的研究在宏观经济的影响方向层面并未达成一致的结论。有的研究表明当宏观经济繁荣时，商业银行流动性风险上升；而有的研究则表明，宏观经济增长对商业银行流动性的影响呈现两面性，即宏观经济增长可能会增加银行流动性风险，也可能会降低其流动性风险。在金融监管方面，由于在经济繁荣时期，银行机构发放贷款的意愿会大幅提高（Chami

& Cosimano，2010），而在有效监管不足的情况下，银行为了及时抢占资金市场份额，会降低信贷审核标准，扩大信贷投放（Ariccia & Marquez，2006），从而产生因缺乏有效监管而带来的经济过热，进而有可能导致银行出现流动性失衡的现象甚至引发危机（Mian & Sufi，2008；高磊，2018）。投资者行为涵盖了交易策略、风险规避以及投资者情绪等，这些行为都会影响存贷款以及资产价格等，从而影响商业银行的流动性风险（高磊，2018）。此外，当市场利率上升时，一方面银行储户会提前支取存款，将其投资到收益更高的金融产品中去，另一方面银行潜在贷款客户也可能会推迟新增贷款等，从而导致银行流动性水平发生变化，因此，能引起利率波动的货币政策会对商业银行流动性风险产生影响。

四、银行流动性风险的传染渠道

作为金融业重要组成部分的银行业是一个高风险的行业，其风险与别的行业风险有着本质区别，即银行风险具有很强的传染效应（谭春枝，2018）。在众多风险中，流动性风险是商业银行面临的最基本的风险之一，不论是市场风险、操作风险，还是信用风险，最终都有可能表现为流动性风险（魏国雄，2012）。单个银行的流动性风险通过多种渠道传染给其他银行，有可能使得其他银行处于流动性困境甚至引发整个银行系统的流动性危机。归纳起来，商业银行流动性风险的传染渠道可分为三大类：基于银行间市场渠道的研究、基于资产市场渠道的研究以及基于其他渠道的研究。大部分学者是从银行间市场这个主渠道来研究流动性风险的传染。

（一）银行间市场渠道

银行间市场包括银行同业拆借市场、银行间债券市场、银行间贷款转让市场、票据转贴现市场和银行间外汇市场等，银行间通过同业拆借、票据转贴现、贷款转让等方式形成了错综复杂的债权债务关系网络。由于银行间市场如债券市场、贷款转让市场及票据转贴现市场等的借贷一般都有担保物作担保，而银行同业拆借市场一般形成的是未担保的银行间借贷，因而银行间流动性风险的传染主要是通过银行同业拆借市场来进行。为此，本书对银行间市场流动性风险传染的研究就限定在未担保的银行间市场。

在银行间市场，流动性风险的传染具有非线性特征，表现为一种典型的金融风险扩散现象（徐涛等，2017），当某银行的流动性需求小于其可获得的流动性供给时，那么该银行将出现流动性短缺，进而囤积流动性。银行可获得的流动性主要包括现金储备、出售或质押有价证券可获取的资金以及将逆回购交易获得的资产重新质押或抵押可融入的资金；银行所需要的流动性则主要包括回购负债以及因其债权银行囤积流动性而需归还的未担保同业负债。如果银行因外生性原因出现流动性短缺，那么该银行将会囤积流动性，即撤回或拒绝展期其借给债务银行的未担保同业资产，以此来规避在必要的支付上发生违约。如果某银行因其债权银行囤积流动性而使得其流动性需求小于可获得的流动性供给时，就会遭受流动性短缺，那么该银行也会同样通过召回其借给债务银行的未担保同业资产来获取流动性，因而流动性短缺现象就会在银行未担保同业市场传播开来。如果没有新的银行因此而陷入流动性困境，流动性风险在银行间市场的传染就会停止。

综上所述，一家因外生性原因而出现流动性短缺的银行会对其债务银行进行流动性囤积，如果该债务银行可获得的流动性小于其需求的流动性，那么该银行也会因流动性短缺对其债务银行进行流动性囤积，也有可能造成该银行的流动性不足。经过一轮又一轮的流动性短缺的传染，最初个别银行的流动性短缺会通过银行间未担保同业拆借市场，使更多的关联银行陷入流动性困境甚至还会引发整个金融系统的崩溃。

（二）资产市场渠道

随着银行间市场提供流动性的渠道被严重破坏，银行就有可能通过跳楼价来销售其所拥有的资产，以此来寻求流动性，此时流动性风险就转移到了资产市场，从而资产市场也就成为了流动性风险传染的另一渠道。具体来说，如果某银行拥有的现金储备仍不足以满足其流动性需求，为了避免陷入流动性困境，该银行有可能会通过出售其资产的方式来获得流动性。银行的这种自保行为会导致资产价格的下降；资产价格的下降会减少银行出售资产可获取的流动性额度；这又会刺激银行抛售更多的资产以获取充足的流动性，从而形成恶性循环，导致资产价格的大幅下跌。资产价格的大幅下跌有可能使得那些在正常情况下不会出现流动性短缺的银行也因此而出现流动性困境，从而也加入流动性囤积的行列，进而引发系统的流动性危机。

（三）其他渠道

由于信息不对称、信息流通渠道不畅等原因，银行流动性风险也有可能通过信息渠道进行传染。当一家银行处于流动性短缺时，该银行的存款者或其他债权人为了减少自己的损失，会考察自己其他的债务银行是否存在类似问题；由于信息不对称及信息流通渠道不畅，银行的存款者或其他债权人为避免风险可能会提前撤出资金，而不论该银行健康与否。债权人的撤资会给该银行带来流动性困难，甚至导致该银行流动性短缺。单个或少数债权人的撤资或挤兑行为会因羊群效应演变成整个银行系统的恐慌，甚至导致整个银行体系的流动性危机。此外，还有一些学者从其他角度如大额支付系统等渠道来研究流动性风险的传染。

第二节　我国商业银行流动性风险的总体特征

一、我国宏观经济增长分析

自 1978 年改革开放至今已有四十余年，我国经济一直保持着良好的发展势头。由于经济总量的不断增长、经济增速的持续稳定以及经济结构的逐步优化，我国现已成为全球经济总量排名第二的国家。

回顾历史可以看出，我国的经济腾飞始于 20 世纪八九十年代。当时提出了从社会主义计划经济到社会主义市场经济的转变方针，引起了广泛的讨论与争议。面对长时期的探讨和争论，人们迫切需要对市场经济有统一的认识，以促进我国改革开放的发展。1992 年邓小平南方谈话，指出“计划和市场都是经济手段”，从精神上给予改革中的人们极大的鼓舞，加速了从计划经济向市场经济的转变；同年，江泽民指出，加快经济体制改革的根本任务是要尽快建立社会主义市场经济体制。至此，我国经济正式走上了改革开放的快车道。1997 年 7 月，亚洲金融危机席卷泰国，并在东南亚国家迅速传播，导致多国货币大幅贬值，股市下跌，各国经济都受到了不同程度的消极影响。同年同月，香港回归祖国怀抱，作为当时亚洲主要的股票市场，香港交易所受到了以索罗斯为首的国际投机者的恶意做空。在这一经济大环境下，我国经济难免受到一定程度的影响，但同时我国政府竭尽全力控制人民币汇率，坚持人民币不贬值，并作为香港强有力的后盾，帮助香港渡过了难关。与此同时，我国政府还努力扩大内需、颁布了强有力的经济刺激政策，保持了我国经济的持续稳定，为新世纪的经济发展奠定了基础。

21 世纪初是我国经济发展的黄金时期。2001 年，随着我国正式成为世界贸易组织的一员，我国对外开放进入了新阶段。这一具有里程碑意义的事件促使我国优势迅速体现，人口红利、生产要素低廉的价格等逐步铸就了我国世界工厂的地位。随着我国对外开放程度的进一步提高、经济全球化的深入发展，我国的总出口额呈现爆炸式增长，经济发展水平再上新台阶。2007 年美国发生了次贷危机，该危机传染到其他国家，形成了 2008 年的国际金融危机，世界经济出现衰退，我国经济虽受到影响，但仍保持着缓慢增长。2001 ~ 2010 年，经过 10 年的快速发展，我国已经超越英国、德国、日本等经济强国，成为仅次于美国的世界第二大经济体。

2013 年，我国正式提出“一带一路”倡议，促进了我国全方位的对外开放，有利于探索和发展新型区域经济合作发展方式，并对提高我国的国际话语权有重大意义。自 2013 年开始，我国经济发展进入新常态，虽然经济增长在波动中持续下行，但总量仍在增加，经济增长呈现阶段性变化。为应对经济发展的突出困难和矛盾，2015 年末，党中央提出了推进供给侧结构性改革的重大决策，大力振兴实体经济，维护社会经济的安全和稳定，促进经济平稳健康发展。

图 2 - 1 绘制了我国经济近三十年的发展脉络。总体来说，我国经济总量不断增加，截至 2019 年已达到 990865 亿元，稳居世界第二。1992 ~ 2007 年，我国经济经历了两个阶段的扩张期，分别是 1992 ~ 1997 年亚洲金融危机前的扩张期和 1998 ~ 2007 年全球金融危机前的扩张期。在这两个时期内，我国经济增速普遍高于 8%。具体数据如表 2 - 1 所示。

2008 年的国际金融危机使世界经济陷入萧条。我国也不例外，金融危机期间我国经济增速明显下滑。为应对金融危机的负面冲击，我国政府颁布并实施了多项措施以刺激经济的增长，并在一定程度上抑制了经济下行的步伐。金融危机爆发后两年，全球经济逐渐回暖，但好景不长。2010 年，欧洲陷入债务危机，再次对欧洲和全球经济造成了冲击。在连续的外部冲击下，我国经济增速持续下降，截至2016年，经济增速低至6.7%。虽在2017年迎来了2010年以来的首次提速，但在2019年，GDP增速再次下降，突破了2016年的低点，达到6.1%，为近25年以来的历史最低点。

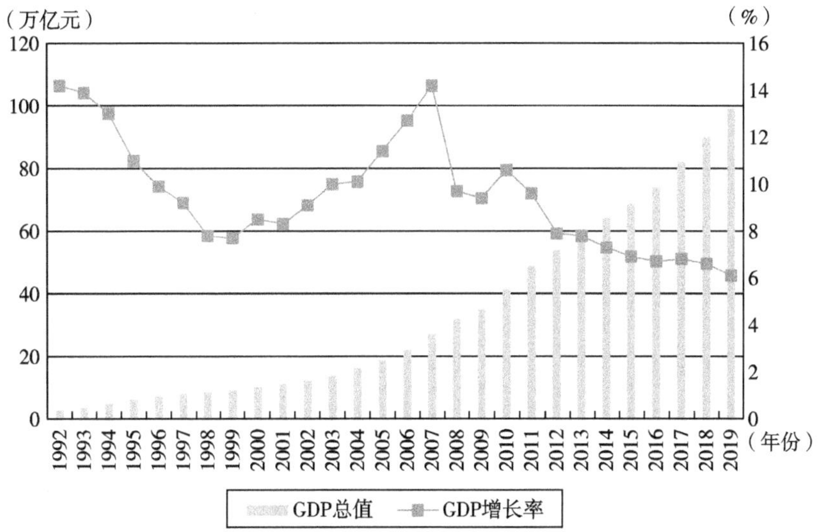

图2-1 我国GDP总量和增长率变动趋势

资料来源：国家统计局网站。

表2-1 1992~2019年我国GDP总量和增长率

年份	GDP总值（亿元）	GDP增长率（%）
1992	27194.50	14.20
1993	35673.20	13.90
1994	48637.50	13.00
1995	61339.90	11.00
1996	71813.60	9.90
1997	79715.00	9.20

续表

年份	GDP 总值（亿元）	GDP 增长率（%）
1998	85195.50	7.80
1999	90564.40	7.70
2000	100280.10	8.50
2001	110863.10	8.30
2002	121717.40	9.10
2003	137422.00	10.00
2004	161840.20	10.10
2005	187318.90	11.40
2006	219438.50	12.70
2007	270092.30	14.20
2008	319244.60	9.70
2009	348517.70	9.40
2010	412119.30	10.60
2011	487940.20	9.60
2012	538580.00	7.90
2013	592963.20	7.80
2014	641280.60	7.30
2015	685992.90	6.90
2016	740060.80	6.70
2017	820754.30	6.80
2018	900309.50	6.60
2019	990865.00	6.10

资料来源：国家统计局网站。

二、我国商业银行流动性变化趋势

广义货币年增长率是反映货币供应量年均增长的指标，广义货币供应量是反映国家宏观市场流动性的指标；衡量商业银行流动性的微观指标则主要是流动性比率和存贷比率等。流动性比率即银行流动性资产与流动性负债之比，该比率越大说明流动性资产占比越大，商业银行流动性水平越高。存贷比率是指银行贷款额与存款额之比，该比率越高代表银行贷款额占比越大，商业银行流动性水平就越低。图 2－2、图 2－3 和图 2－4 分别描绘了我国广义货币增长率、流动性比率和商业银行存贷比率的变动情况。具体数据如表 2－2、表 2－3 和表 2－4 所示。

2000 年以来，我国广义货币供应量总额不断增加。2000～2008 年，我国广义货币增长率呈波动上升形态；2008 年国际金融危机后，我国广义货币的增长速度急剧增加，2009 年达到了 28.5%，为 1999～2009 年的最高水平，宏观市场的流动性比较充裕；从 2010 年开始，我国广义货币增长率急剧下降至 19.7%，并在随后的几年持续下降，国家宏观广义货币量保持较低增长水平；2014 年，广义货币增长率出现少许反弹后继续下降，截至 2017～2018 年，达到近 20 年来广义货币增速的最低点 8.1%；2019 年，广义货币增长率又有小幅回升，达到了 8.7%。详情见图 2－2 和表 2－2。

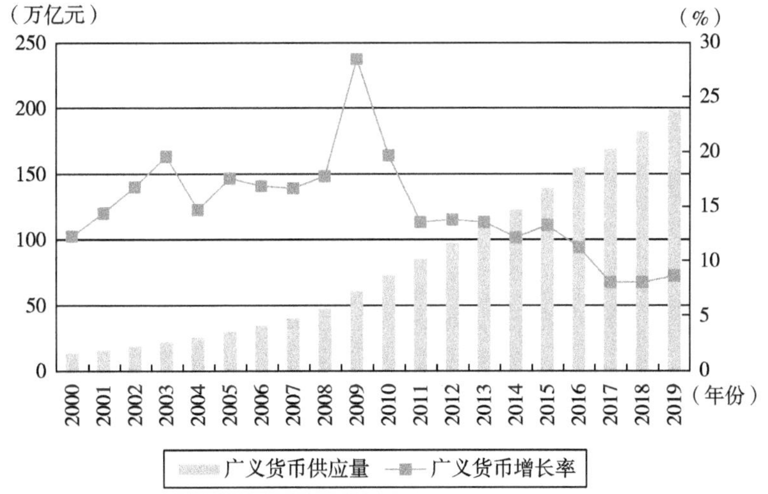

图 2－2　我国广义货币供应量和增长率变动趋势

资料来源：国家统计局网站。

表 2-2 2000~2019 年我国广义货币供应量和增长率

年份	广义货币供应量（亿元）	广义货币增长率（%）
2000	134610.30	12.30
2001	158301.90	14.40
2002	185006.97	16.80
2003	221222.80	19.60
2004	254107.00	14.70
2005	298755.70	17.60
2006	345577.90	16.90
2007	403442.21	16.70
2008	475166.60	17.80
2009	610224.50	28.50
2010	725851.80	19.70
2011	851590.90	13.60
2012	974148.80	13.80
2013	1106524.98	13.60
2014	1228374.81	12.20
2015	1392278.11	13.30
2016	1550066.67	11.30
2017	1690235.31	8.10
2018	1826744.20	8.10
2019	1986000.00	8.70

资料来源：国家统计局网站。

从商业银行流动性比率来看，2007~2019 年，商业银行流动性比率总体上呈现不断上升的趋势。相比于 2008 年，2009 年流动性比率出现下降，并将这一低位水平保持到了 2010 年；自 2011 年开始，商业银行流动性比率逐步上升；2013 年，我国银行业发生的钱荒事件，给商业银行带来了资金冲击，流动性水平下降；但在 2014 年，流动性比率又开始上升，总体增长趋势一直维持到 2019 年。过去 10 年，我国商业银行的流动性比率一直保持在 40% 以上，高于 25% 的监管标准要求。详情见图 2-3 和表 2-3。

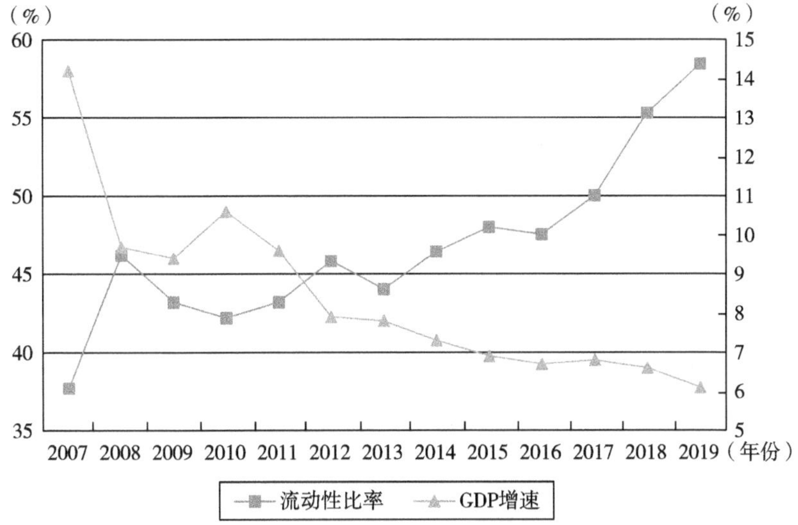

图 2-3 我国商业银行流动性比率和 GDP 增速变动趋势

资料来源：我国统计局和我国银行保险监督管理委员会网站。

表 2-3 2007~2019 年我国商业银行流动性比率和 GDP 增速 单位:%

年份	流动性比率	GDP 增速
2007	37.70	14.20
2008	46.20	9.70
2009	43.20	9.40
2010	42.20	10.60
2011	43.20	9.60
2012	45.83	7.90
2013	44.03	7.80
2014	46.44	7.30
2015	48.01	6.90
2016	47.55	6.70
2017	50.03	6.80
2018	55.31	6.60
2019	58.46	6.10

资料来源：我国统计局和我国银行保险监督管理委员会网站。

从商业银行存贷比率来看，由于受政策因素影响较大，2003～2019年商业银行存贷比率大体呈现先降后升的趋势。1995年我国出台了《商业银行法》，规定商业银行存贷比要低于75%。由于当时我国商业银行存贷比普遍超标，因此该法规还给商业银行规定了8年的过渡期；2003年我国银监会成立，存贷比成为了我国商业银行一项主要的流动性监管指标。因此，为了满足相关法律法规和监管制度的规定，2003～2007年，我国商业银行存贷比逐步下降。2008年以后，商业银行存贷比总体呈现稳步上升的趋势。2015年10月，我国《商业银行法》第二次修订版正式实施，银行存贷比率不再是流动性监管指标，而只是流动性监测指标，这也意味着银行存贷比率不再受此前75%的硬性约束。因此，商业银行的存贷比率继续稳步上升，2019年我国商业银行存贷比率突破了75%，达到75.4%的新高度，从该指标来看，商业银行流动性不断下降。详情见图2－4和表2－4。

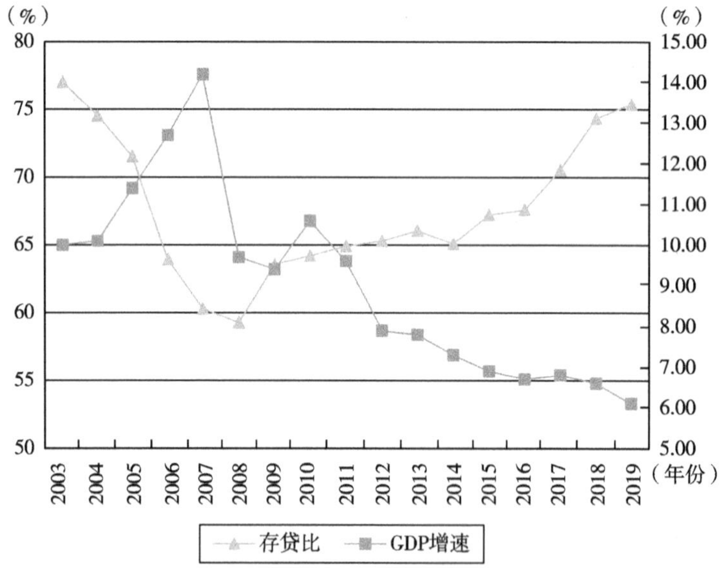

图2－4　我国商业银行存贷比和GDP增速变动趋势

资料来源：我国统计局与我国银行保险监督管理委员会网站。

表 2-4 2003~2019 年我国商业银行存贷比和 GDP 增速 单位:%

年份	存贷比	GDP 增速
2003	77.04	10.00
2004	74.55	10.10
2005	71.53	11.40
2006	63.92	12.70
2007	60.30	14.20
2008	59.29	9.70
2009	63.56	9.40
2010	64.18	10.60
2011	64.90	9.60
2012	65.31	7.90
2013	66.08	7.80
2014	65.09	7.30
2015	67.24	6.90
2016	67.61	6.70
2017	70.55	6.80
2018	74.34	6.60
2019	75.40	6.10

资料来源：我国统计局与我国银行保险监督管理委员会网站。

三、我国商业银行流动性风险的顺周期性特征

顺周期性是指随着经济周期的变化，实体经济和金融体系之间相互作用而形成的正反馈机制，即实体经济的波动会引起金融体系的波动，金融体系的波动会正方向作用于实体经济，导致宏观经济的波动更显著，金融体系和实体经济的运行更不稳定。商业银行流动性风险的顺周期性实质上是商业银行与实体宏观经济之间的动态反馈机制。当经济繁荣时，银行资产的质量和信用评级较高，为了追求更多的利润，银行会降低流动性缓冲的储备，放松贷款审核，扩

张其资产，为此承担更多风险，流动性风险增加；当经济不景气时，为了避免损失和破产，银行会更加谨慎地进行日常经营活动，提高流动性缓冲储备，相应地控制风险，从而流动性风险下降。我国商业银行流动性风险的顺周期性特征可以通过银行流动性比率、存贷比率与 GDP 增速这三者的变化趋势来做初步分析。

将商业银行流动性比率的变化趋势与 GDP 增速的变化趋势进行对比分析。2009～2010 年，宏观经济增速仍保持增长，2010 年以来，我国经济增速持续走低，说明在 2009～2019 年，我国经济总体处于下行期，GDP 增速曲线向右下方倾斜。与 GDP 增速趋势相反，商业银行流动性比率在此期间呈现逐步上升趋势，流动性比率曲线向右上方倾斜。2009～2010 年，流动性比率有小幅度下降，但随后流动性比率总体上不断增加，截至 2019 年末达到了 58.46% 的水平。在此期间，由于受到 2013 年钱荒事件的影响，流动性比率仅在 2013 年出现陡降，随后流动性比率迅速回归正常水平并持续保持上升状态。图 2－3 将流动性比率和 GDP 增长率曲线进行了对比，从图中可以看出，依据流动性比率来判断，商业银行的流动性风险与经济状况具有较明显的反向变动趋势，即两者总体上呈负相关。在经济繁荣时期，商业银行流动性风险较大，而在经济萧条时期，商业银行流动性风险下降，从而表现出商业银行随宏观经济变动的顺周期性特征。具体数据如表 2－3 所示。

图 2－4 和表 2－4 将商业银行存贷比的变化趋势与 GDP 增速的变化趋势进行对比分析。2003～2007 年，我国 GDP 增速不断提高，经济一片繁荣。但在这期间，由于我国商业银行处于存贷比达标的过渡期，因此即使宏观经济一片繁荣，但商业银行存贷比仍持续下降。即在 2003 年以前，商业银行存贷比普遍较高，流动性风险较大，2003～2007 年，商业银行存贷比在硬性的政策管控下逐步下降，流动性风险得到控制。由于受到国际金融危机的影响，2008 年我国经济增速大幅下降，并持续到 2009 年。为了保持一定的流动性，商业

银行在2008年收缩信贷，其存贷比进一步下降，跌破60%。为了应对国际金融危机，稳定宏观经济态势，我国政府颁布了一系列刺激经济的政策，使得宏观经济出现了暂时性的繁荣，2010年GDP增速相较2009年有了一定程度的上升，此时商业银行存贷比也小幅上升，流动性风险加大。2010年后，在国际金融危机和欧债危机等外部冲击下，我国经济增速持续下降，截至2019年，经济增速低至6.1%；而在此期间，商业银行的存贷比前期（2011～2014年）保持基本稳定（处于65%左右），但从2015年开始，由于正式实施的《商业银行法》第二次修订版规定75%的存贷比监管标准不再是硬性要求等原因，存贷比开始逐渐上升，到2019年已达到75.4%，银行流动性风险持续提高。因此，在经济上行期，由于受到政策变动的影响，银行存贷比下降，银行流动性增加；在经济下行期，由于受到刺激经济政策和存贷比75%限额放开的影响，存贷比总体处于上升态势，银行流动性降低。

综上所述，虽然我国商业银行存贷比由于国家政策多次变动的影响并未表现出顺周期性特征，但从图2-3和表2-3可以直观地看出，商业银行流动性比率与宏观经济状况指标——GDP增长率变化趋势相反，直观地反映出我国商业银行流动性风险具有顺周期性特征。当经济处于繁荣时期，一方面，银行风险偏好增强，愿意承担更大的风险进行日常经营活动，商业银行的流动性比率下降，流动性风险增加。另一方面，在经济繁荣时期，宏观市场层面的流动性较为充裕，商业银行在宽松的宏观经济背景下会放松对流动性风险的监控和管理，使得商业银行面临更大的流动性风险；当经济处于萧条时期，银行也会根据宏观市场情况减少信贷投放以达到控制风险的目的。此时，流动性比率增加，商业银行面临的流动性风险降低。从总体来看，商业银行流动性风险随着宏观经济的波动而变化，在一定程度上体现出流动性风险的顺周期性特征。

第三节　我国商业银行资产流动性风险分析

根据前文所述，银行资产流动性风险是指银行不能以合理的价格及时出售其资产而使银行遭受损失的风险。商业银行的资产包括现金及存放中央银行款项、证券投资资产、银行间同业资产、贷款和垫款、长期股权投资、固定资产和无形资产等，其中贷款是银行最主要的资产。对商业银行最主要的资产以及同业资产、证券投资和现金及存放中央银行款项等流动性资产进行分析，能更好地了解我国商业银行资产的流动性风险。图 2 -5 和图 2 -6 绘制了金融危机前后商业银行主要资产构成图，金融危机后商业银行主要资产结构明细如表 2 -5 所示。

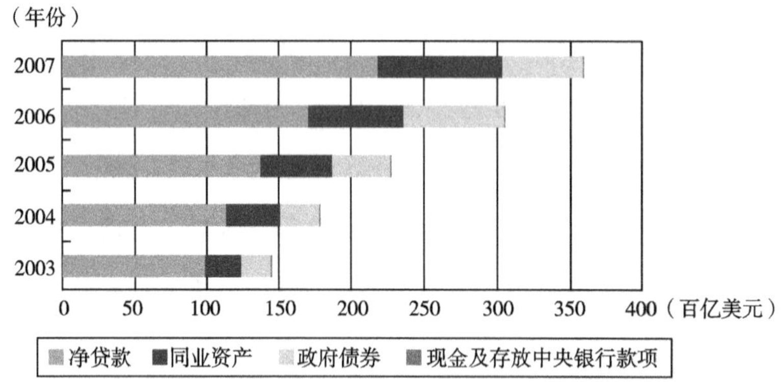

图 2 -5　金融危机前商业银行主要资产构成

资料来源：Bankfocus 数据库。

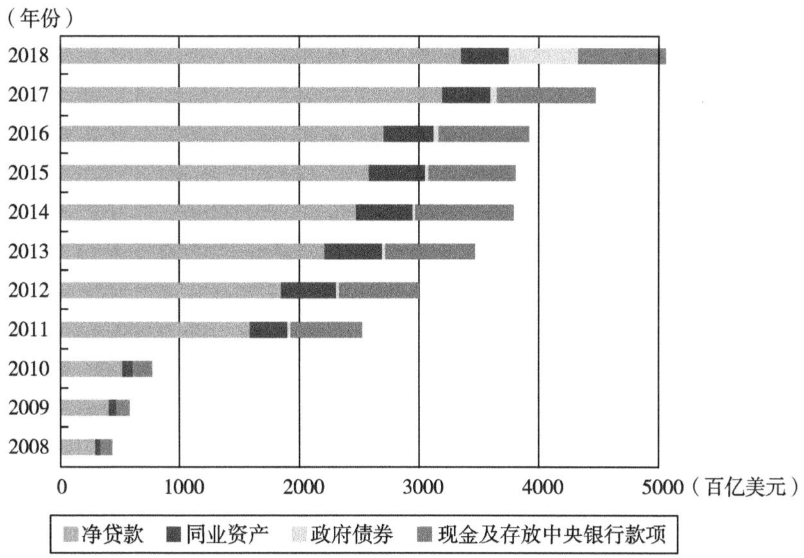

图2－6　金融危机后商业银行主要资产构成

资料来源：Bankfocus数据库。

表2－5　金融危机后商业银行主要资产构成　　单位：百亿美元

年份	净贷款	同业资产	政府债券	现金及存放中央银行款项
2008	289.81	40.83	0.30	98.36
2009	401.86	62.44	0.49	112.61
2010	517.19	86.19	0.06	163.00
2011	1584.62	315.63	27.78	596.31
2012	1847.40	459.54	25.20	669.71
2013	2208.57	484.81	24.61	750.03
2014	2472.37	475.65	21.25	822.21
2015	2579.44	474.21	29.16	723.82
2016	2706.06	419.06	40.50	754.96
2017	3195.18	402.68	51.79	823.62
2018	3353.10	395.43	576.54	732.17

资料来源：Bankfocus数据库。

一、我国商业银行资产流动性风险的总体分析

从宏观方面来说，影响整个商业银行体系流动性的因素主要有宏观经济环境以及宏观经济调控政策，其中宏观经济调控政策主要是中央银行的货币政策。本节从整个银行业的视角，对不同类型资产的流动性风险进行相关分析。

（一）基于贷款的分析

在宏观经济健康发展的背景下，经济稳定增长、就业率提高、企业得以迅速成长和快速发展。一方面，就业率的提高使得人们的收入有所增加，除满足日常生活所需开支外，人们可能还会追求更高层次的消费与生活水平，为此人们向银行申请贷款的额度会上升；另一方面，经济的稳定增长给企业的成长和发展提供了一个良好的外部市场环境，企业的不断扩张与发展需要大量的资金支持，它们获取资金的重要来源即是银行贷款。贷款是商业银行最重要、也是规模最大的资产业务，但是，贷款特别是中长期贷款的流动性较差，流动性风险较高。在经济繁荣时期，企业存款和个人存款稳步增长，为商业银行提供了稳定的资金来源。此时，商业银行将提高贷款发放力度，但与此同时也加大了商业银行的流动性风险。在经济萧条时期，经济增速减缓，社会需求下降，企业破产风险加大，借款人违约风险增加，银行存款的资金来源也会因社会总需求的收缩而减少。因此，为了控制流动性风险，银行往往会减少贷款的发放。2003~2007 年，我国的经济继续增长，国内生产总值增长率达到 14.2%。在经济形势一片利好的情况下，商业银行贷款规模持续扩大，贷款增速持续走高，商业银行的流动性风险逐步积累。2008 年全球金融危机爆发后，我国的经济增长率开始下降，商业银行受到宏观经济形势的影响，贷款总规模虽然依然增加，但增速有所下降，流动性风险得到一定程度的抑制。由此可见，在经济上行期，我国商业银行贷款规模与增长速度都在增加，流动性风险随之加大；而当经济处于下行期，我国商业银行贷款增速下降，流动性风险随之下

降。因此，从定性来分析，商业银行贷款业务的流动性风险具有顺周期性特征。

（二）基于同业资产的分析

商业银行同业资产是指商业银行之间以及与其他金融机构之间的资金融通业务所产生的资产，具体包括存放同业存款、拆出资金等。随着金融市场的不断发展，商业银行的同业业务逐渐成熟、规模不断加大，但商业银行对同业业务的过度依赖会增大银行的流动性风险。我国的同业业务大致上是在 2000 年发展起来的，2008 年以前，随着经济的持续增长和银行间业务的发展，商业银行同业资产快速增加，流动性风险也随之增加。2008 年后，商业银行同业资产规模仍在增加，但是增速下降，2014 年后，同业业务逐渐规范，对应的流动性风险得到缓解。从同业业务角度来看，商业银行流动性风险随经济周期的变化而变化。在经济繁荣时期，流动性风险较大；在经济萧条时期，流动性风险稍许降低。这表明我国商业银行的流动性风险具有明显的顺周期性特征。

（三）基于政府债券的分析

宏观经济调控政策对商业银行流动性有着重要的影响，中央银行的货币政策是宏观调控政策的重要组成部分。中央银行三大货币政策是再贴现、法定存款准备金率以及公开市场操作。再贴现是指商业银行将未到期的票据贴现给中央银行以获取资金的行为。如果中央银行提高再贴现率，将减少商业银行再贴现规模；相反，如果中央银行降低再贴现率，将促进商业银行再贴现规模的增加。通过对再贴现率的调控，中央银行可以加强对商业银行流动性风险的控制，降低流动性风险。法定存款准备金是指商业银行将吸收的存款按照一定的比率存放在中央银行的资金。法定存款准备金率越高，商业银行存放在中央银行的款项越多，银行流动性也就越高，流动性风险因此下降。公开市场操作是指中央银行通过买卖有价证券向市场提供流动性的行为。当中央银行放松银根时，会通过公开市场操作买入有价证券，向市场注入货币以提供流动性；当中央银行收缩银根时，通过公开市场操作卖出有价证券，引导资金回流。

在商业银行持有的证券投资资产中，政府债券占比最高，这是因为政府债券是由政府信用担保的，有最高的安全性。2003～2007 年，经济的平稳、快速发展为金融市场的成长和发展提供了良好的外部环境，我国政府债券发行数量不断增加，商业银行开始增加对政府债券的购买，持有的政府债券比率不断增长，但相比于商业银行的其他资产来说，政府债券持有数量相对较低。2008 年以后，商业银行持有的政府债券比率稳步上升，规模也不断增加。由此可见，在经济繁荣时期，商业银行持有的政府债券数量较少，对保持高流动性并不积极，商业银行的流动性风险增加。在经济低迷时期，商业银行将更加重视风险管理和控制。为了降低流动性风险，他们增加了所持有的政府债券的数量和比率。商业银行的流动性风险随着宏观经济周期的变化而变化。从商业银行持有政府债券的角度看，商业银行流动性风险具有一定的顺周期性。

（四）基于现金及存放中央银行款项的分析

相比于银行贷款，现金及存放中央银行款项具有较高流动性。在 2008 年之前，这一资产项目在银行总资产规模中占比非常低，说明商业银行流动性较低，流动性风险较高。自 2010 年以来，中央银行多次提高存款准备金率，现金及存放中央银行款项余额增加，商业银行流动性得以改善。从该角度看，商业银行流动性风险也具有顺周期性特征：当经济处于繁荣上升时期，现金和存放中央银行款项较少，流动性低，流动性风险较大；当经济转向萧条时，随着存款准备金率的提高，现金和存放中央银行款项增加，流动性得到优化，流动性风险也得以改善。

（五）小结

当经济处于繁荣发展的上升期时，我国商业银行贷款规模增加、同业资产增加，都促进了商业银行流动性风险的积累。金融危机之后，商业银行贷款增速放缓，现金及存放中央银行的款项增加，政府债券的持有规模和比率增加，同业资产规模得到较好的控制，这些都有助于降低商业银行的流动性风险。因此，总体来说，商业银行资产流动性风险具有顺周期性特征。

二、我国商业银行资产流动性风险的分类分析

银行的规模与性质不同，流动性风险也会存在差异。鉴于银行一般可分为国有控股商业银行、上市中小银行和非上市中小银行三大类，分别对这三类银行的流动性风险进行分析，以期更深入地探究商业银行资产流动性风险的顺周期性特征。图2-7至图2-12分别绘制了国有控股商业银行、上市中小银行和非上市中小银行金融危机前后商业银行主要资产构成，金融危机后国有控股商业银行、上市中小银行和非上市中小银行主要资产结构明细如表2-6、表2-7和表2-8所示。

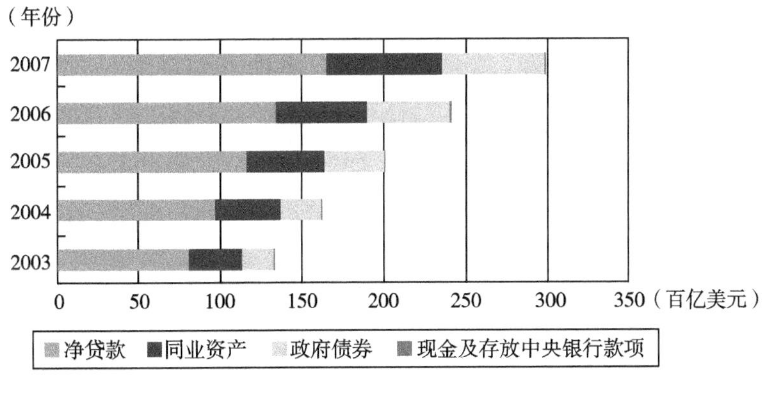

图2-7　金融危机前国有控股商业银行主要资产构成

资料来源：《银行年报》和Bankfocus数据库。

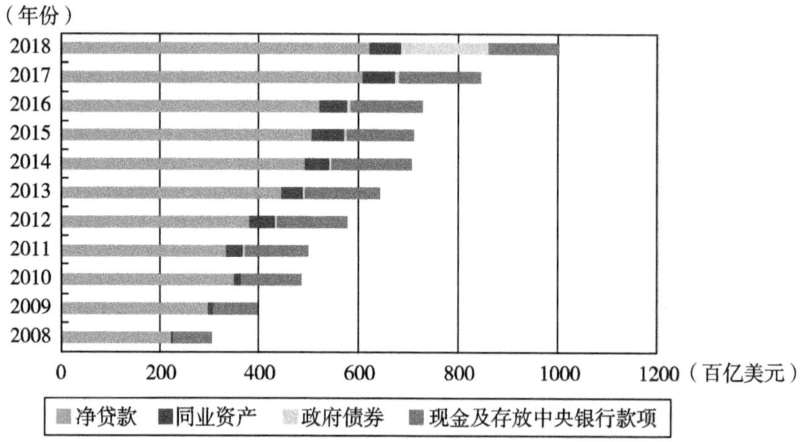

图 2-8　金融危机后国有控股商业银行主要资产构成

资料来源：《银行年报》和 Bankfocus 数据库。

表 2-6　金融危机后国有控股商业银行主要资产构成　　单位：百亿美元

年份	净贷款	同业资产	政府债券	现金及存放中央银行款项
2008	223. 19	4. 14	0	79. 23
2009	298. 38	11. 19	0	88. 44
2010	352. 37	13. 78	0	120. 33
2011	335. 92	33. 60	3. 78	126. 65
2012	382. 56	50. 75	3. 50	141. 96
2013	445. 93	43. 55	3. 60	150. 46
2014	493. 15	49. 63	3. 60	160. 93
2015	507. 03	65. 01	4. 64	134. 74
2016	522. 16	55. 28	6. 45	145. 37
2017	608. 04	64. 87	8. 04	165. 23
2018	621. 97	62. 61	176. 65	141. 05

资料来源：《银行年报》和 Bankfocus 数据库。

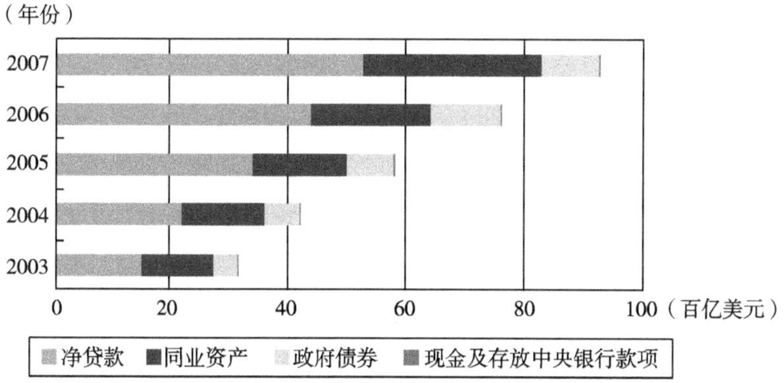

图 2-9　金融危机前上市中小银行主要资产构成

资料来源：Bankfocus 数据库。

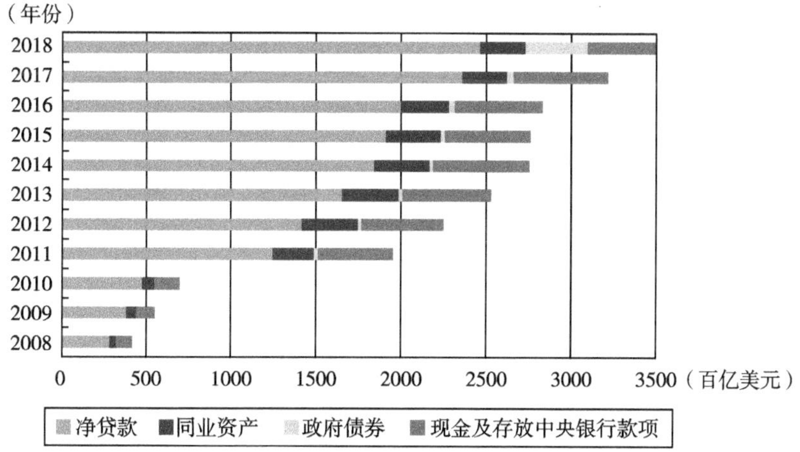

图 2-10　金融危机后上市中小银行主要资产构成

资料来源：Bankfocus 数据库。

表 2-7　金融危机后上市中小银行主要资产构成　单位：百亿美元

年份	净贷款	同业资产	政府债券	现金及存放中央银行款项
2008	281.84	38.81	0.30	96.69
2009	382.69	58.46	0.45	108.70
2010	476.50	70.52	0.02	152.35
2011	1245.56	244.33	23.86	440.37
2012	1417.45	330.92	21.60	479.23
2013	1654.50	332.99	20.91	520.40

续表

年份	净贷款	同业资产	政府债券	现金及存放中央银行款项
2014	1842.66	325.33	17.60	567.47
2015	1911.91	320.57	24.09	503.23
2016	1996.97	283.84	32.29	517.25
2017	2357.90	262.60	39.85	557.62
2018	2461.95	267.95	367.12	498.92

资料来源：Bankfocus 数据库。

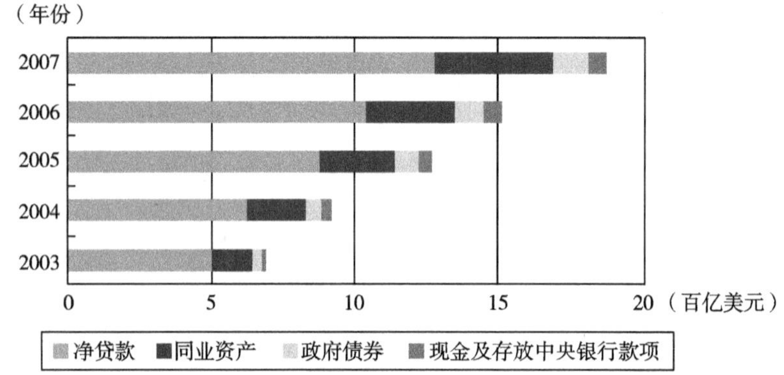

图 2－11　金融危机前非上市中小银行主要资产构成

资料来源：Bankscope 数据库。

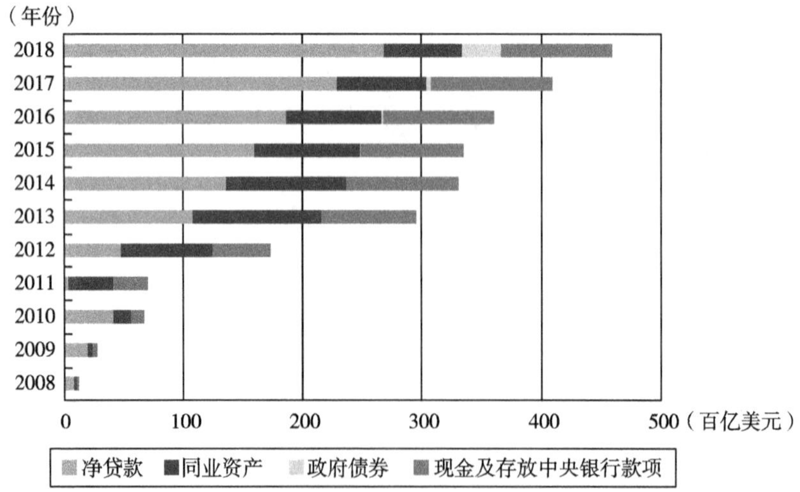

图 2－12　金融危机后非上市中小银行主要资产构成

资料来源：银行年报和 Bankfocus 数据库。

表 2-8　金融危机后非上市中小银行主要资产构成　　单位：百亿美元

年份	净贷款	同业资产	政府债券	现金及存放中央银行款项
2008	7.97	2.02	0.00	1.67
2009	19.17	3.97	0.04	3.91
2010	40.69	15.67	0.04	10.65
2011	3.14	37.70	0.15	29.30
2012	47.39	77.87	0.10	48.52
2013	108.14	108.26	0.10	79.17
2014	136.56	100.69	0.05	93.81
2015	160.50	88.63	0.43	85.84
2016	186.93	79.94	1.76	92.33
2017	229.24	75.20	3.89	100.76
2018	269.18	64.87	32.77	92.20

资料来源：银行年报和 Bankfocus 数据库。

（一）基于贷款的分析

2003～2007 年，三种类型的商业银行贷款规模均保持上升趋势。从规模数量和占比来看，国有控股商业银行贷款规模数量最大，占比相对较低；上市中小银行次之；非上市中小银行的贷款规模数量最小，且贷款规模占比最大。从贷款规模增速来看，国有控股商业银行的贷款规模增速最为平稳，上市中小银行的贷款规模增速比国有控股商业银行稍大，非上市中小银行的增速最大。由此可以看出，在经济状况良好时，商业银行的流动性风险都有提高。其中：非上市中小银行的流动性风险最大；上市中小银行次之；国有控股商业银行的流动性风险相对最小，但风险也在提高。金融危机之后，国有控股商业银行和上市中小银行的贷款规模增速下降，但规模数量仍在上升，占比略有减少；非上市中小银行的情况与国有控股商业银行、上市中小银行略有不同，其贷款增长一直持续到 2013 年，在 2014 年后增速放缓。通过对不同类别商业银行贷款资产进行分析可以发现：在经济状况良好时期，商业银行利用良好的外部经济环境，增加贷款发放规模，获取更高的收益，流动性风险随之增加；在经济状况不佳时，商业银行主动控制贷款规模和增速，抑制流动性风险。因此，从贷款角度看，不同类型的商业银行资产流动性风险都具有一定的顺周期性。

（二）基于同业资产的分析

国有控股商业银行的同业资产规模变化较明显。2008 年以前，三类商业银行同业资产规模都保持了稳定的增长，上市中小银行增速比国有控股商业银行大，非上市中小银行的增速最大。流动性风险的逐步积累导致银行面临更高的流动性风险。2008 年以后，国有控股商业银行同业资产持有数量和比率明显下降；上市中小银行同业资产规模呈现先降后升的变化，增速逐渐放缓；而非上市中小银行的同业资产规模从 2009 年以来持续增加，直至 2014 年，中央银行下发 127 号文件进一步规范商业银行同业业务的发展以有效防范和控制风险，其增速才稍有放缓，相比于其他两类银行，非上市中小银行同业资产占银行资产的比值最大。通过以上分析可以看出：在经济繁荣时期，各类商业银行同业资产业务不断扩张，流动性风险逐步积累；在经济萧条时期，国有控股商业银行和上市中小银行都在一定程度上控制了银行间同业资产的规模和增长率，从而一定程度降低了流动性风险。① 因此，从同业资产的角度看，商业银行流动性风险也具有一定的顺周期性。

（三）基于政府债券的分析

2003 ~ 2007 年，国有控股商业银行持有政府债券数量较少，占比较低；上市中小银行与国有控股商业银行情况相似，由于银行规模和资本的限制，上市中小银行的政府债券持有数量比国有控股商业银行更低；非上市中小银行的政府债券持有数量和占比最低。2008 年后，国有控股商业银行政府债券数量

① 2014 年中央银行 127 号文发布后，非上市中小银行的同业资产规模的增速才开始放缓，说明在这一时期非上市中小银行资产流动性风险水平依然处于较高水平。

保持稳定增长，规模不断扩大；上市中小银行政府债券的数量增长较为缓慢；非上市中小银行与上市中小银行相似。从政府债券的视角来看，受到经济发展状况和金融市场发展水平的影响，在经济繁荣时期，银行持有政府债券数量较少，银行流动性风险增加；在随后的经济萧条时期，银行均增加对政府债券的持有，对流动性风险的控制和防范力度都加强，银行流动性风险减少。总体来说，这三种类型的商业银行流动性风险呈现一致的顺周期性。

（四）基于现金及存放中央银行款项的分析

对于商业银行现金及存放中央银行款项，2003～2007年，法定存款准备金率较低，因此各商业银行现金及存放中央银行款项数量和占比都较低，因而流动性水平较低，风险较高；2008年后，现金及存放中央银行款项数量稳定增加，且占比在逐步提高，其中上市中小银行现金及存放中央银行款项的增速要比国有控股商业银行高，非上市中小银行增速最高。从现金及存放中央银行款项的变动趋势来说，三类商业银行的流动性风险表现出明显的顺周期特征。

（五）小结

从以上分析可以看出，2003～2016年，随着经济的不断发展，三类商业银行的各项资产规模基本都在不断增加，但增速先升后降。在经济复苏、繁荣阶段，商业银行依托繁荣的经济背景，积极扩大信贷业务，以获得更多的收入，但同时流动性风险增加；在经济衰退阶段，商业银行加强对流动性风险的管控，流动性风险降低。从不同的银行类别来分析，各种类型商业银行的流动性风险均表现出一定的顺周期性。进一步的对比分析可发现：国有控股商业银行资产方的流动性较为稳定和充裕，上市中小银行次之，非上市中小银行贷款规模占比较大、对同业业务依赖程度较高，银行流动性相对较少，所承担的流动性风险偏大。国有控股商业银行的流动性风险比中小商业银行低，这在一定程度上也体现了商业银行流动性风险的异质性。

第四节　我国商业银行负债流动性风险分析

商业银行不能在规定时间内以合理的成本筹措资金的风险，称为负债流动性风险，也称为融资性流动性风险。负债方的流动性风险与商业银行的融资结构和融资期限密切相关。商业银行的负债业务主要包括存款、银行间负债（同业负债）、中央银行借款、金融负债等。2008 年金融危机也称次贷危机，这是因为商业银行贷款的流动性风险是导致次贷危机爆发的重要原因。资产流动性和融资稳定性都是商业银行流动性管理的关键，接下来主要就商业银行融资方流动性风险进行一系列的分析。

一、我国商业银行负债流动性风险的总体分析

对于商业银行来说，存款是其最重要的负债业务和最稳定的资金来源。存款业务可以根据存款客户性质和存款期限的不同来分类。按照客户性质可以将银行存款划分为个人存款、企业存款和其余存款。根据存款的期限结构可以将银行存款划分为活期存款和定期存款。相比于活期存款，定期存款期限相对较长，是比较稳定的资金来源。此外，短期借款和长期融资也是商业银行资金来源的重要途径。2008 年金融危机前后我国商业银行总体融资规模结构分别如图 2－13 和图 2－14 所示，金融危机后我国商业银行总体融资规模结构明细如表 2－9 所示。

2008 年以前，商业银行客户存款规模虽然保持增加，但存款增长率却逐年下降。随着经济的繁荣发展，公司与个人存款稳定增加，但与此同时，人们的投资活动增多，不仅局限于银行存款，还将闲置资金投资于收入较高的其他

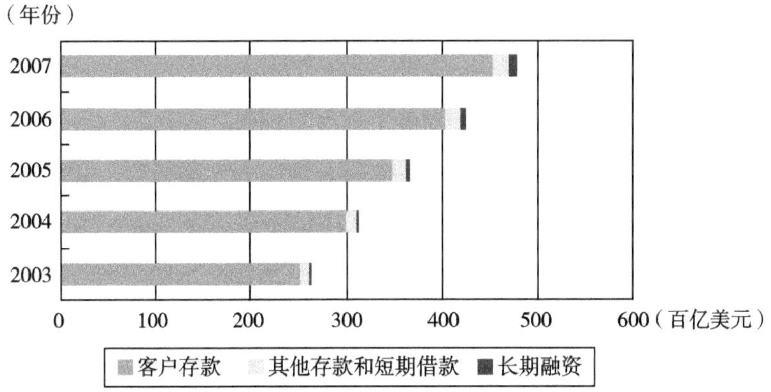

图 2－13　金融危机前商业银行总体融资结构

资料来源：Bankfocus 数据库。

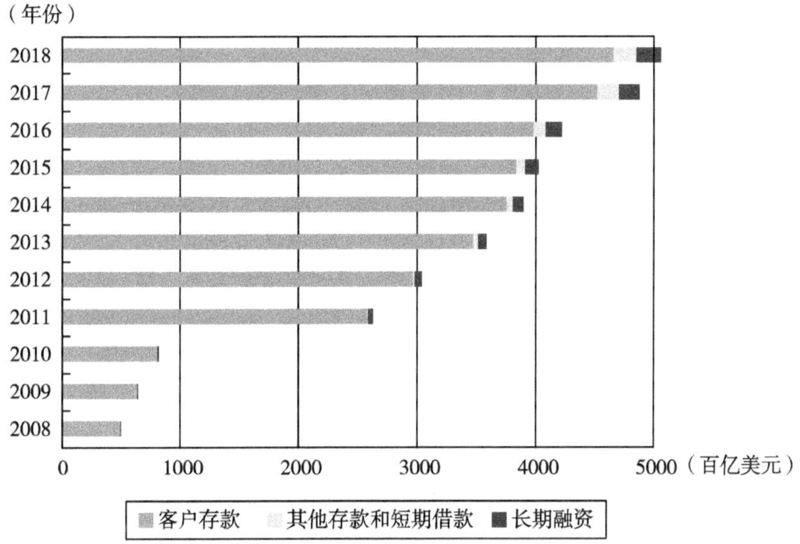

图 2－14　金融危机后商业银行总体融资结构

资料来源：Bankfocus 数据库。

表2-9 金融危机后商业银行总体融资结构 单位：百亿美元

年份	客户存款	其他存款和短期借款	长期投资
2008	489.01	0.15	6.16
2009	632.23	0.21	8.77
2010	805.78	0.15	11.28
2011	2581.17	5.77	44.39
2012	2966.86	13.03	62.17
2013	3475.09	39.61	69.30
2014	3754.56	51.96	90.89
2015	3836.71	73.65	113.91
2016	3977.25	106.44	135.24
2017	4522.35	182.76	172.89
2018	4658.10	195.64	205.70

资料来源：Bankfocus 数据库。

项目，因而人们的储蓄占比降低，导致商业银行吸收的客户存款较少，这在一定程度上增加了商业银行的流动性风险。2008 年至今，商业银行客户存款规模虽然保持增加，但随着互联网金融业的迅速崛起以及金融危机的不良影响，存款增速持续下降。虽然这并没有改变客户存款仍然是商业银行最主要的负债形式，但是，客户存款数量增速的持续放缓也表明商业银行需要提高资金来源的稳定性，同时还需要重视流动性风险的管理。因此，从客户存款这一角度来看，由于互联网金融业的蓬勃发展，其他金融机构的竞争力不断提高，人们投资活动的日益多元化等因素导致了商业银行存款业务的流动性风险并没有因为宏观经济环境的变化而改变，在经济下行时期顺周期性特征并不显著，但总体来说，商业银行融资流动性风险较高。

从其他存款和短期借款来看，2003～2018 年，商业银行这部分资金来源虽然占比较低，但规模也保持了一定的增长。除存款和短期借款外，长期融资能力也是商业银行融资流动性的来源之一。长期融资期限较长，资金稳定性也高，商业银行可以通过发行债券等方式进行长期融资。2003～2007年，商业银行长期融资规模非常小，占比也非常低，从这一方面来说，商业银行融资流动性风险较大；2008～2012年，商业银行的长期融资总体规模呈现先增后减的趋势。对于10年期以上的债券，发行数量普遍较少，到2013年以后，商业银行10年期以上的债券发行数量为0，同时商业银行开始增加对1～5年期债券发行的数量；2014年以后，商业银行发行5～10年期债券数量也变为0，商业银行最后只保持持续发行1～5年期的债券，如2019年1～5年期债券发行的数量达到4930.2亿元，具体如图2－15和表2－10所示。因此，可以说债券发行数量的增加以及长期融资总规模的提升在一定程度上减轻了商业银行融资流动性风险。

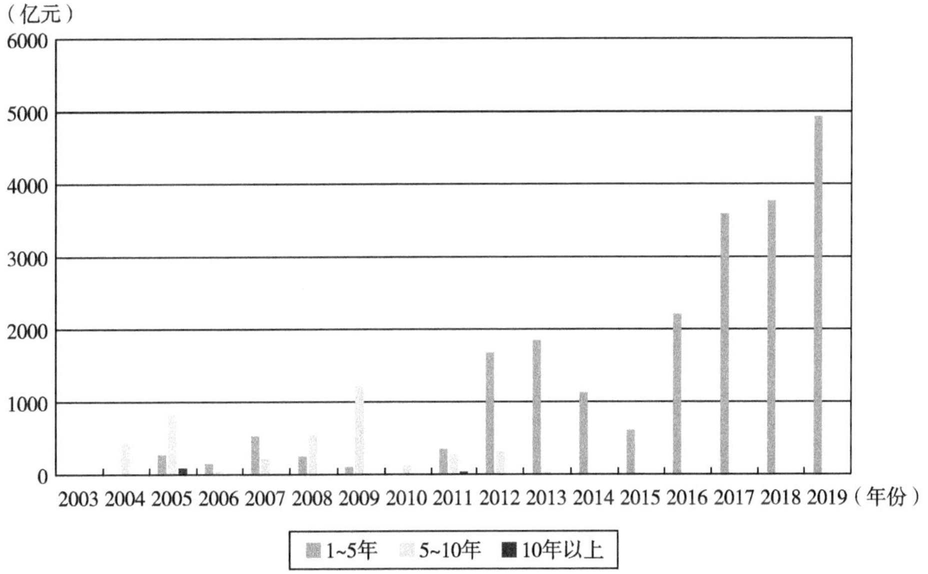

图2－15　商业银行发行各期限金融债券规模变动趋势

资料来源：我国债券信息网和Wind数据库。

表 2-10 2003~2019 年商业银行发行各期限金融债券规模 单位：亿元

年份	1~5 年	5~10 年	10 年以上
2003	0	0	0
2004	0	431.8	0
2005	270	833.3	90
2006	150	47	0
2007	526.2	217.5	0
2008	250	554	0
2009	100	1215.55	0
2010	10	115.9	0
2011	350	273	36.5
2012	1680	316.7	6.5
2013	1850	30	0
2014	1130	0	0
2015	616	0	0
2016	2207	0	0
2017	3590	0	0
2018	3767	0	0
2019	4930.2	0	0

资料来源：我国债券信息网和 Wind 数据库。

总体来看，我国商业银行储户存款规模持续增大，长期融资的规模先降后升，两种负债规模增速波动的幅度较大，导致融资流动性风险水平波动较大。由于存款占负债总额的比率远高于其他负债，而存款的流动性风险较为稳定、可控，因此商业银行总体融资流动性风险较为稳定和可控。相比于商业银行的资产流动性来说，融资流动性风险的顺周期特征不明显，其在经济萧条期间也有上升的倾向。

二、我国商业银行负债流动性风险的分类分析

在市场利率较低的背景下，为追求更高的盈利水平，商业银行会增加在金融市场上的融资活动，以满足融资需求，相应的商业银行存款比率会稍有下降。商业银行这种降低存款融资、更依赖金融市场融资的行为会使流动性风险

更严重。中小银行的盈利能力和负债管理能力相比国有控股商业银行来说较弱，因此在金融市场上的融资成本相对较高，在规模较小、资本储备不足的中小银行中，改变银行负债结构以满足融资需求的现象尤为普遍，造成的危害也更严重，特别是在经济状况不好的时候，中小银行面临的流动性风险相对较大。本节继续将商业银行分为国有控股商业银行、上市中小银行和非上市中小银行，并对各类银行的融资流动性风险进行对比和分析。图 2－16 至图 2－21 分别绘制了国有控股商业银行、上市中小银行和非上市中小银行金融危机前后商业银行融资结构变化趋势，金融危机后国有控股商业银行、上市中小银行和非上市中小银行主融资结构明细如表 2－11、表 2－12 和表 2－13 所示。

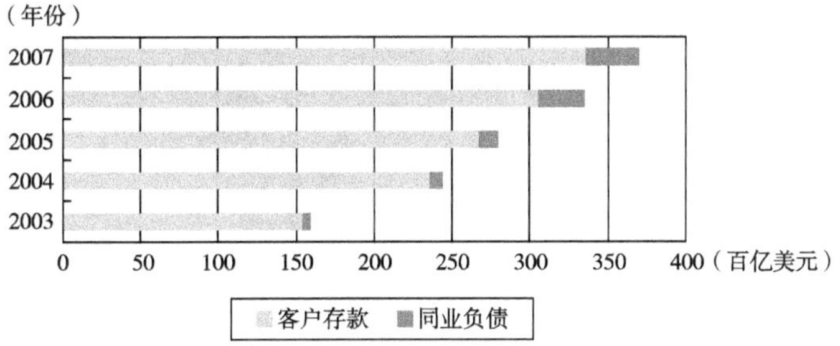

图 2－16　金融危机前国有控股商业银行融资结构变化趋势

资料来源：Bankfocus 数据库。

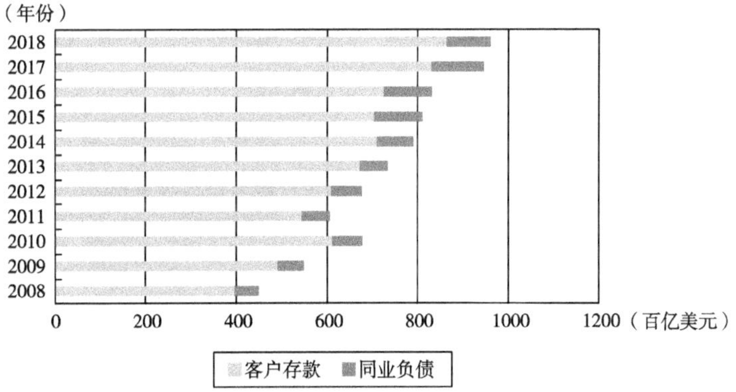

图 2－17　金融危机后国有控股商业银行融资结构变化趋势

资料来源：Bankfocus 数据库。

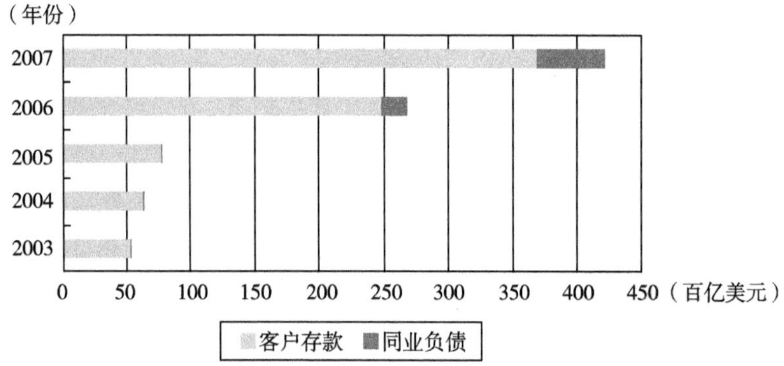

图2－18　金融危机前上市中小银行融资结构变化趋势

资料来源：Bankfocus 数据库。

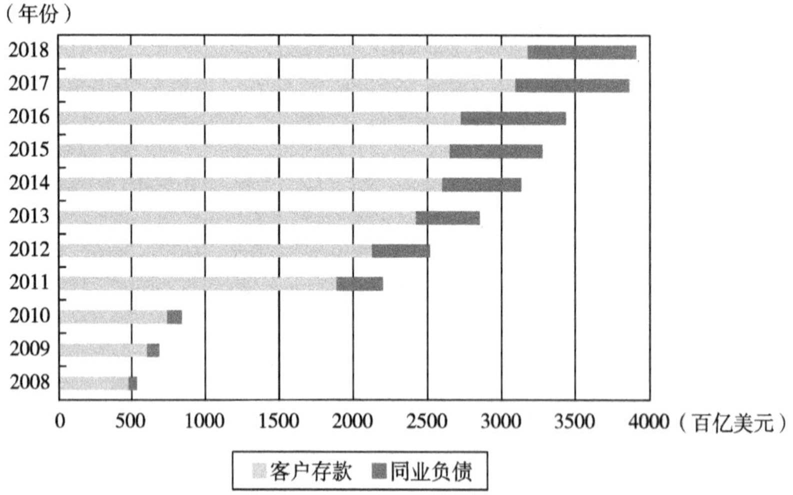

图2－19　金融危机后上市中小银行融资结构变化趋势

资料来源：Bankfocus 数据库。

表2－11　金融危机后国有控股商业银行融资结构　单位：百亿美元

年份	客户存款	同业负债
2008	396.23	53.28
2009	490.39	57.26

续表

年份	客户存款	同业负债
2010	610.76	67.24
2011	542.98	63.19
2012	608.74	67.80
2013	672.61	62.19
2014	710.56	80.98
2015	704.49	106.42
2016	726.12	106.45
2017	831.60	115.22
2018	863.34	97.89

资料来源：Bankfocus 数据库。

表 2-12 金融危机后上市中小银行融资结构 单位：百亿美元

年份	客户存款	同业负债
2008	478.51	56.89
2009	605.21	83.69
2010	744.63	98.56
2011	1888.99	311.29
2012	2126.52	391.29
2013	2422.60	428.49
2014	2600.27	533.72
2015	2649.43	629.61
2016	2726.98	711.60
2017	3094.18	768.40
2018	3178.56	728.33

资料来源：Bankfocus 数据库。

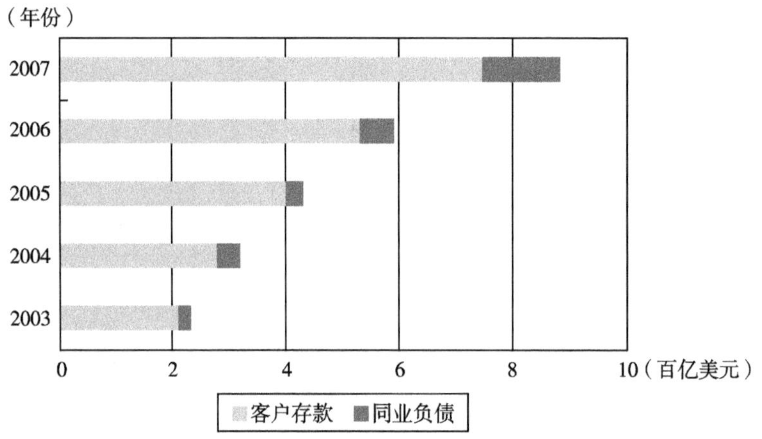

图 2－20　金融危机前非上市中小银行融资结构变动趋势

资料来源：Bankfocus 数据库和国泰安数据库。

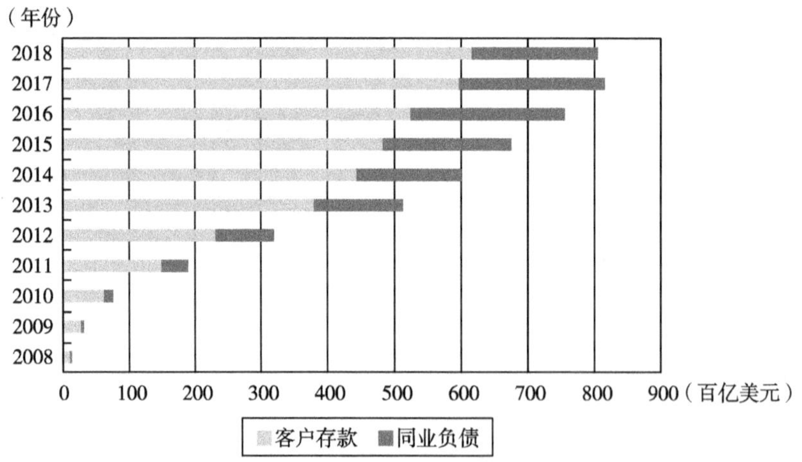

图 2－21　金融危机后非上市中小银行融资结构变动趋势

资料来源：银行年报和 Bankfocus 数据库。

表 2－13　金融危机后非上市中小银行融资结构　单位：百亿美元

年份	客户存款	同业负债
2008	10.50	2.79
2009	27.02	4.22
2010	61.15	14.16

续表

年份	客户存款	同业负债
2011	149.20	40.44
2012	231.60	88.00
2013	379.89	132.47
2014	443.73	156.59
2015	482.79	192.79
2016	524.16	231.15
2017	596.56	218.94
2018	616.20	188.98

资料来源：银行年报和 Bankfocus 数据库。

（一）基于存款的分析

2008 年以前，国有控股商业银行存款额持续增长，但是增速波动较大，2007 年存款增速下降到 10.15%，达到了五年最低水平；上市中小银行存款规模保持稳定上升趋势；非上市中小银行存款增速不断增加。2008 年后，国有控股商业银行的存款增速放缓；上市中小银行和非上市中小银行都在 2014 年经历了存款增速骤降的过程，其中，上市中小银行的存款增速在 2014 年低于 10%，并以 2014 年为分界点，上市中小银行的存款增速呈现先增后减的趋势；非上市中小银行存款增长率在 2014 年增长率急剧下降到 16.8%，波动幅度较大。在经济繁荣时期，商业银行通过存款业务获取资金波动性较大，流动性风险和波动性也增大；在经济萧条时期，国有控股商业银行与上市中小银行存款增速均放缓，这与金融市场的不断发展以及互联网金融的迅速崛起有很大的联系，非上市中小银行的融资流动性情况相对较好，体现为非上市中小银行的存款规模增速要高于其他两类商业银行。从存款的角度来看，商业银行流动性风险的顺周期性并不明显。

（二）基于同业负债的分析

银行间同业负债和银行存款保持着同样的变化趋势，虽然同业负债在负债总额中占比远低于存款，但其在负债总额中所占的比率在增加。2008 年以前，国有控股商业银行的同业负债规模逐步增加，且增速不断提高，由 2003 年的 15%上升到 2007 年的 25%；上市中小银行同业负债情况与国有控股商业银行相似；非上市中小银行的同业负债保持稳定，增速较小。金融危机后，国有控股商业银行同业负债增速放缓，为三类银行的最低增速水平；上市中小银行同业负债增速先升后降；非上市中小银行的同业负债规模增速显著高于国有控股商业银行和上市中小银行，仅在 2014 年中央银行对同业业务进行规范化管制后，同业负债增速才得到控制，但总负债的比率没有明显变化。在经济繁荣时期，各类商业银行对于金融市场融资的依赖程度更高，流动性风险较为严重；在经济萧条时期，国有商业银行同业负债规模增速稍有放缓，但对于上市中小银行和非上市中小银行来说其同业负债增速仍然较高并且波动性较大，即商业银行的流动性风险仍然较大。因此，从同业负债的角度来看，商业银行融资性风险的顺周期性也不明显。

（三）小结

从微观分类视角来看，国有控股商业银行的负债结构最稳定，期限最合理，因此其融资流动性最高，其次是上市中小银行，非上市中小银行流动性最差。在经济萧条时期，国有控股商业银行与上市中小银行存款增速降低，同业负债增速也稍有放缓，综合来说融资流动性风险增加；非上市中小银行对同业负债依赖性提高，对外部环境的负面冲击的抵抗力更低，可能导致融资流动性风险的再度提高。因此，着眼于微观分类视角，商业银行融资流动性风险的顺周期特征显著性不高。

第三章　宏观经济与我国商业银行流动性风险

商业银行流动性风险的影响因素非常多，相当一部分文献从银行内部或银行制度视角来研究对流动性风险的影响机理。但是，银行流动性风险的成因非常复杂，既有内部原因，也有外部影响。在外部因素中，宏观经济状况对银行流动性风险的产生有着重要的影响，许争（2016）、Al－Harbi（2017）、史贞等（2019）对此进行了相关研究，然而他们的研究存在分歧，并未得出较为一致的结论。那么，宏观经济对我国商业银行流动性风险的影响到底如何？其影响是否具有对称性和异质性？基于理论研究的不足和现实需要，本章首先就宏观经济波动对我国商业银行流动性风险的影响进行理论分析，并在此基础上提出了研究假设；其次，为检验基本研究假设及其是否具有对称效应和异质性，我们设计了一系列的实证模型；再次，在利用2003～2016年84家商业银行相关数据的基础上，就基本假设、是否具有对称效应和异质性进行了实证回归；最后，为了检验相关结论的准确性，还用多种方法进行了一系列的稳健性检验。

第一节 理论分析与研究假设

在经济上行期，从投资者的角度来看，其投资需求会大幅提高，导致银行的存款来源不断下降、贷款需求不断上升，在一定程度上使得银行的流动性下降，流动性风险增加。从银行自身来看，因经济繁荣所带来的借款者违约率降低，银行为了实现利润最大化的目标，会主动加大信贷投放，这无疑提高了银行的风险承担水平，流动性风险也随之加大（Angeloni & Faia，2013）；与此同时，在经济扩张期，经济环境较为宽松，银行表现相对乐观，资产规模的扩张行为更频繁，银行经营风险的承担水平增加，在一定程度上也提高了银行的流动性风险（张宗益等，2012）。

在经济下行期，由于投资回报率降低，投资者的投资规模随之下降，在一定程度上抑制银行贷款规模的扩大，同时存款人因对未来经济萧条的预期而增加储蓄，使得银行的存款规模加大，其可用资金增加，银行流动性风险下降。从银行角度来说，因经济下行所带来的贷款违约率增加，商业银行在最低资本要求下变得更加谨慎，减少信贷资产，监管机构也会要求银行具有更高的流动性储备，因此商业银行的流动性风险下降。

此外，已有研究表明，银行的资本、信贷和杠杆率都具有显著的顺周期性，如项后军和陈简豪（2015）的实证结果表明，商业银行杠杆具有顺周期性，且当贷款占比增加时，会加剧这一顺周期性，而资本、信贷和杠杆率是银行流动性衡量的主要指标，它们的变化代表银行流动性水平出现波动。

因此，在宏观经济扩张期，银行倾向于增加对期限较长、收益较高项目的投资，以获得更高的利润，导致银行流动性较低，流动性风险较高；反之则相反。综上，本章提出如下基本假说：

假说3－1：当宏观经济状况良好时，银行流动性风险较高；当宏观经济状况较差时，银行流动性风险较低。

第二节 实证研究设计

一、样本及数据说明

本章以我国84家商业银行为研究样本，其中包括国有商业银行5家、股份制商业银行12家以及地方商业银行67家，样本期限为2003～2016年。银行特征数据来源于Bankscope数据库以及银行年报；宏观数据来源于国家统计局、银监会和中国人民银行。

二、变量设定

（一）被解释变量

本章的被解释变量是商业银行资产流动性风险。根据第二章的分析可知，商业银行存贷比受国家相关政策变化的影响很大，因此本章选取了三个衡量商业银行流动性风险的指标，分别是流动性比率、同业拆借比率以及流动性错配指数。银行流动性比率越高，资产变现能力越高，商业银行流动性风险则越小；银行同业拆借比率即同业资产与同业负债之比，该值越大，对应的商业银行流动性风险越小；本章还参考Brunnermeier的研究，计算银行的流动性错配指数，该指数越大，商业银行的流动性风险就越小。流动性错配指数具体的构建方法如下：

$$LiqM_t^i = \sum_s \theta_{t,A_s} A_{t,s}^i - \sum_{s'} \theta_{t,D_s} D_{t,s'}^i \tag{3-1}$$

式中，t 为时间，资产和负债的种类数分别为 S、S'，$A_{t,s}^i$、$D_{t,s'}^i$ 分别代表 t 时刻第 i 家商业银行第 S 类资产规模和第 S' 类负债的规模。θ 为资产和负债的流动性权重，权重越大，表示资产的流动性越强或负债的流动性越小。因此，$\sum_s \theta_{t,A_s} A_{t,s}^i$、$\sum_{s'} \theta_{t,D_s} D_{t,s'}^i$ 分别代表银行资产流动性和负债流动性。$LiqM_t^i$ 为商业银行资产加权总和减去负债加权总和，即资产流动性与负债流动性之差。然而，我国商业银行规模差异较大且资产负债结构简单，导致式（3－1）计算的流动性错配指数合理性与准确性较低，因此，根据实际情况对式（3－1）进行调整，最终计算我国商业银行流动性错配指数的方法如下：

$$LiqM_t^i = \frac{\sum_s \theta_{t,A_s} A_{t,s}^i}{\sum_{s'} \theta_{t,D_s} D_{t,s'}^i} \tag{3-2}$$

若 $LiqM=1$，市场流动性和融资流动性均衡，均衡状态一般很少能达到；若 $LiqM>1$，代表商业银行资产流动性较大，即商业银行的流动性风险较小；若 $LiqM<1$，则表明商业银行面对的流动性风险较大。

参考潘敏等（2017）的做法来确定 $LiqM$ 中资产与负债的权重，即根据净稳定资金比率（简称 NSFR）中各项目折算比率与业务所需稳定资金折算比率进行综合判断，确定权重，详情如表 3－1 和表 3－2 所示。

表 3－1　净稳定资金比率中银行资产负债折算指数①　　单位：%

资产和表外业务	折算比率
现金	0
存放同业及其他金融机构款项	0
贷款	85

① 谭文凯．我国商业银行流动性风险顺周期性研究［D］．广西大学，2018.

续表

资产和表外业务	折算比率
持有证券 •1 级 •2 级	 5 50
净衍生金融资产 •衍生金融资产大于衍生金融负债 •衍生金融资产小于衍生金融负债	 100 0
其他资产	100
表外业务	5
负债和权益	
客户存款 •活期存款 •储蓄存款 •定期存款	 90 95 95
同业和其他金融机构存放	0
其他短期债券	
•期限在 1 ~6 月 •期限在 6 ~12 月	0 50
资本	1

资料来源：巴塞尔委员会相关规定；谭文凯．我国商业银行流动性风险顺周期性研究［D］．广西大学，2018.

表 3 –2　资产负债权重　　单位:%

资产	流动性权重
现金及存放中央银行款项	100
存放同业及其他金融机构款项	
买入返售款项	90
以公允价值计量且其变动计入当期损益金融资产	85
可供出售金融资产	75
持有至到期金融资产	50
衍生金融资产	
其他金融资产	

续表

资产	流动性权重
贷款	
• 其他消费贷款	20
• 公司类贷款	
• 其他抵押贷款	
• 个人住房抵押贷款	15
• 其他贷款	
长期股权投资	10
其他收益性资产	
其他资产	
负债	流动性权重
同业及其他金融机构存放款项	100
卖出回购款项	90
其他短期负债	75
衍生金融负债	50
交易性金融负债	
其他负债	
客户存款	
• 活期存款	10
• 储蓄存款	5
• 定期存款	5
以公允价值计量且其变动计入当期损益金融资产	5

资料来源：谭文凯．我国商业银行流动性风险顺周期性研究［D］．广西大学，2018.

（二）解释变量

研究将主要解释变量选为 GDP 增长率，该指标衡量了宏观经济波动情况。对于国有控股商业银行和全国性股份制商业银行，主要解释变量的取值为国内 GDP 增长率；对于地方性商业银行，鉴于其受各地经济环境的影响较大，所以在对地方性商业银行做分样本回归时，将全国性的 GDP 增长率替换为地方性商业银行所在区域的 GDP 增长率。

控制变量主要包括两个层面，分别是银行个体特征控制变量及宏观层面的控制变量。银行个体特征控制变量有银行规模、银行杠杆率、银行资本充足率和商业银行的平均资产收益率。其中，银行杠杆率越高，表示其承担风险的能力越大；商业银行一级资本充足率越高，代表银行的资本金越充足，流动性越强对应的流动性风险越小；商业银行的平均资产收益率越高意味着银行越有能力获取资金满足流动性。宏观层面的控制变量主要有三个：一是审慎监管变量虚拟变量，该变量在2014年取1①，其他年份取0；二是金融危机虚拟变量，2008年和2009年的值为1，其他年份为0；三是货币政策指标。变量详情如表3-3所示。

表3-3 变量定义

变量符号	变量名称	变量定义
LiqM	流动性错配指数	资产流动性/负债流动性
LiqR	流动性比率	流动资产/（存款+短期负债）
IntR	同业资产负债比	同业资产/同业负债
GdpGrow	宏观经济增长率	全国或地区实际GDP增长率
Cadeq	一级资本充足率	一级资本/风险加权资产
Lev	杠杆率	总资产/权益资本
RoaA	平均资产收益率	净利润/平均资产总额
Size	银行规模	总资产对数
Regu	流动性风险审慎监管	2014年值为1，其他年份为0
Crisis	金融危机	2008年和2009年值为1，其他年份为0
MonP	货币政策	M2增长率

资料来源：谭文凯. 我国商业银行流动性风险顺周期性研究［D］. 广西大学，2018.

① 2014年，银监会出台了《商业银行流动性风险管理办法》。

三、实证设计

为了检验宏观经济对商业银行流动性风险的影响及其内在机理，本章构建多个实证检验模型。首先，为检验本章提出的基本研究假设，建立模型 1，如下：

$$LRisk_{it} = \alpha + \beta_1 LRisk_{it-1} + \beta_2 GdpGrow_{it} + \sum_j \phi_j CONTROL_{it}^j + \mu_{it} \quad (3-3)$$

式中，$i=1, 2, \cdots N$，表示第 i 家商业银行；$LRisk_{it}$ 为被解释变量，代表银行的流动性风险；$LRisk_{it-1}$ 表示 $LRisk_{it}$ 的一阶滞后项；$GdpGrow_{it}$ 为商业银行所在地 GDP 增长率，表示宏观经济波动；$CONTROL_{it}^j$ 为影响商业银行流动性风险的控制变量组，具体包括与银行和宏观层面相关的控制变量。

其次，为检验宏观经济波动对商业银行流动性风险的影响是否具有对称效应，在模型 1 的基础上加入整体经济环境虚拟变量和 GDP 增长率的交互项，从而构建出模型 2 如下：

$$LRisk_{it} = \alpha + \beta_1 LRisk_{it-1} + \beta_2 GdpGrow_{it} + \beta_3 GdpGrow_{it} \times Eco + \sum_j \phi_j CONTROL_{it}^j + \mu_{it} \quad (3-4)$$

式中，Eco 为整体经济环境虚拟变量指标，当整体经济环境比较好时该虚拟变量取值为零，相反取值为 1。整体经济环境较差的年份为 2008 ~ 2009 年、2012 ~ 2016 年，其他年份为整体经济环境较好的年份（江龙和刘笑松，2011）。本章重点关注交互项系数 β_3，若 β_3 显著不为零，则说明宏观经济波动对银行流动性风险的影响因整体经济环境的好坏而不同，也就是说，宏观经济波动对商业银行流动性风险的影响不具有对称性。

最后，与模型 2 相似，在模型 1 的基础上加入宏观经济波动和银行特征变量（这些特征变量包括银行的规模、杠杆率以及资本充足率等）的交互项，建立模型 3、模型 4 和模型 5，具体如式（3 - 5）、式（3 - 6）和式（3 - 7），以检验宏观经济对不同特征的商业银行流动性风险影响的异质性。

$$LRisk_{it} = \alpha + a_1 LRisk_{it-1} + a_2 GdpGrow_{it} + a_3 GdpGrow_{it} \times Cadeq + \sum_j \phi_j CONTROL_{it}^j + \mu_{it} \quad (3-5)$$

$$LRisk_{it} = \alpha + b_1 LRisk_{it-1} + b_2 GdpGrow_{it} + b_3 GdpGrow_{it} \times Lev + \sum_j \phi_j CONTROL_{it}^j + \mu_{it} \quad (3-6)$$

$$LRisk_{it} = \alpha + c_1 LRisk_{it-1} + c_2 GdpGrow_{it} + c_3 GdpGrow_{it} \times Size + \sum_j \phi_j CONTROL_{it}^j + \mu_{it} \quad (3-7)$$

本书采用系统广义矩估计方法对计量模型进行估计，这一方法可以有效控制内生性和弱工具变量问题。为保证实证结果的可靠性，还使用 Sargan 检验和 Arellano－Bond 检验分别对模型的工具变量和序列相关问题进行检验。

第三节　实证结果及分析

一、描述性统计

表 3－4 为主要变量的描述性统计。流动性错配指数、流动性比例和同业资产负债比的均值分别为 2.922、25.374 和 152.398，具有明显的左偏性质，总体上反映出商业银行平均流动性水平较低。特别是同业资产负债比、银行杠杆率的最大值与最小值差距较大，说明不同银行间这两个指标的差异较明显。

表 3-4 主要变量的描述性统计

变量	N	Mean	SD	50%	MIN	MAX
LiqM	479	2.922	1.252	2.643	0.325	7.877
LiqR（%）	391	25.374	10.719	22.912	5.754	71.477
IntR（%）	348	152.398	123.975	120.000	0.714	926.171
GdpGrow（%）	479	9.261	1.734	9.121	6.800	14.200
Cadeq（%）	479	11.561	4.142	10.234	0.184	63.121
Lev（%）	479	17.484	7.535	16.431	3.292	79.278
RoaA（%）	479	1.038	0.458	1.074	-1.373	3.001
Size	479	17.510	1.822	17.228	14.125	21.726
MonP（%）	479	16.282	4.408	13.791	12.013	27.578

资料来源：谭文凯．我国商业银行流动性风险顺周期性研究［D］．广西大学，2018.

二、实证结果分析

（一）宏观经济波动对商业银行流动性风险的影响

表 3-5 为模型 1 的估计结果。被解释变量分别取流动性错配指数、流动性比率和同业资产负债比。第（1）至第（3）列的结果均通过了 Sargan 检验以及 Arellano-Bond 检验，表明工具变量（各被解释变量的一阶滞后项）不存在过度识别问题，模型也不存在序列自相关问题。

表 3-5 的第（1）列表明，流动性错配指数与 GDP 增长率呈显著负相关关系，表明在宏观经济状况较好时，错配指数较小，商业银行流动性风险较高；在宏观经济状况较差时，错配指数较大，商业银行流动性风险较低。表 3-5 的第（2）、第（3）列分别用流动性比率和同业资产负债比作为被解释变量，与 GDP 增长率进行回归，也得到类似结果，即流动性比率和同业资产负债比均与 GDP 增长率呈显著负相关，同样表明宏观经济状况较好时，流动性比率和同业资产负债比都较小，我国商业银行流动性风险较高；反之则相反。

在经济繁荣时，商业银行更注重利润最大化的实现，放松对流动性风险的监管，此时流动性风险不断积累；当经济下行时，商业银行日常经营趋于谨慎，故流动性风险得以降低。由此可得到结论：我国商业银行流动性风险受到宏观经济波动的正向影响，该结论验证了本章提出的基本研究假说。

表 3-5　宏观经济波动对商业银行流动性风险影响的回归结果

变量	(1)	(2)	(3)
	LiqM	*LiqR*	*IntR*
$LiqM_{t-1}$	0.518*** (0.0238)		
DL_{t-1}			
$LiqR_{t-1}$		0.324*** (0.0365)	
$IntR_{t-1}$			0.178*** (0.0185)
GdpGrow	-0.421*** (0.0458)	-0.518*** (0.1313)	-0.447*** (0.1185)
Cadeq	0.0567*** (0.0122)	0.0732*** (0.0185)	0.5035*** (0.0782)
Lev	-0.0215*** (0.0059)	-0.0356*** (0.0014)	-0.0544** (0.0176)
RoaA	0.231*** (0.0244)	0.364*** (0.1003)	-0.803** (0.3981)
Size	-0.261*** (0.0176)	-0.132*** (0.0325)	-1.593*** (0.0811)
MonP	0.571** (0.0823)	0.324** (0.1231)	0.746*** (0.0472)
Regu	0.203*** (0.0252)	0.415*** (0.0277)	0.534*** (0.1235)
Crisis	-0.695*** (0.1127)	-0.416*** (0.125)	-0.789*** (0.0871)

续表

变量	(1)	(2)	(3)
	LiqM	*LiqR*	*IntR*
Constant	4.002*** (0.5645)	4.466*** (0.6621)	8.872*** (2.8003)
N	403	328	289
AR(2)	0.6018	0.4825	0.5171
Sargan	1	1	1

注：括号内为稳健标准误；*、**、***分别表示在10%、5%、1%水平上显著；N为样本观测数量，AR(2)与Sargan检验输出结果为P值。下同。

资料来源：谭文凯．我国商业银行流动性风险顺周期性研究［D］．广西大学，2018.

（二）宏观经济波动对商业银行流动性风险影响的对称性检验

表3-6为模型2的估计结果。引入整体经济环境虚拟变量指标*Eco*，设定当整体经济环境表现良好时取0，表现较差时取1。从表3-6的第（1）列可以看出，宏观经济增长波动与流动性错配指数负相关，这与表3-5的结果一致；同时，交互项*GdpGrow*×*Eco*的系数显著不为0，且为负，表明整体经济

表3-6　宏观经济波动对银行流动性风险影响的对称性检验

变量	(1)	(2)	(3)
	LiqM	*LiqR*	*IntR*
GdpGrow	-0.428*** (0.0695)	-0.315** (0.1294)	-0.175*** (0.0314)
GdpGrow×*Eco*	-0.022*** (0.0035)	-0.022** (0.0073)	-0.011* (0.0093)
N	403	328	289
AR(2)	0.5174	0.4202	0.4207
Sargan	1	1	1

资料来源：谭文凯．我国商业银行流动性风险顺周期性研究［D］．广西大学，2018.

环境的好坏对宏观经济波动作用于流动性风险的影响显著不同，即在整体经济环境较差时，宏观经济波动对商业银行流动性风险的正向影响更显著；该结果也表明较差的整体经济环境对商业银行审慎经营的督促作用要大于较好的整体经济环境对商业银行风险承担的促进作用。第（2）列和第（3）列的结果体现了这一点。因此，表3－6的实证结果表明，宏观经济波动对银行流动性风险的影响不具有对称效应。

（三）异质性分析

表3－7为模型3、模型4和模型5的估计结果，检验了宏观经济波动对商业银行流动性风险影响的异质性。引入宏观经济增长率与银行特征变量的交乘项，分析该交乘项系数的符号来对异质性进行分析。表3－7的面板A为根据银行资本充足率对银行进行异质性分析的回归结果。从面板A的第（1）至第（3）列可以看到，商业银行流动性错配指数依然与宏观经济增长率呈显著的负相关关系，表明宏观经济增长与商业银行流动性风险显著正相关。交乘项 $GdpGrow \times Cadeq$ 的系数显著为正，表明对于资本充足率较高的银行，宏观经济波动对商业银行流动性风险的影响较小，从面板A其他列的实证结果也可得到类似的结论。表3－7的面板B为根据杠杆率对银行进行异质性分析的回归结果。第（4）至第（6）列中交互项 $GdpGrow \times Lev$ 的系数显著为负，即宏观经济增长率与商业银行杠杆率的交互项与流动性风险显著正相关，说明杠杆率的提高使得宏观经济波动对商业银行流动性风险的作用更强。表3－7的面板C为根据银行规模大小对银行进行异质性分析的回归结果。从第（7）至第（9）列的实证结果可以观察到，宏观经济增长率与银行规模的交互项 $GdpGrow \times Size$ 的系数都显著为正，说明规模较大的银行，受到宏观经济波动对银行流动性风险的影响较小，主要原因可能是随着商业银行规模的增加，能用以防范流动性风险的可用资产也相对较多，从而使得规模较大的商业银行流动性风险受到宏观经济波动的影响较小。

表3-7　异质性分析结果

面板A：根据资本充足率的异质性研究			
变量	(1)	(2)	(3)
	LiqM	*LiqR*	*IntR*
GdpGrow	-0.164*** (0.0125)	-0.450*** (0.0394)	-0.465** (0.2012)
GdpGrow × *Cadeq*	0.021*** (0.0013)	0.042*** (0.0042)	0.056*** (0.0102)
N	403	328	289
AR（2）	0.5983	0.6192	0.8095
Sargan	1	1	1
面板B：根据银行杠杆率的异质性研究			
变量	(4)	(5)	(6)
	LiqM	*LiqR*	*IntR*
GdpGrow	-0.172** (0.0770)	-0.622*** (0.2003)	-0.501** (0.2012)
GdpGrow × *Lev*	-0.024** (0.0123)	-0.068** (0.0285)	-0.044*** (0.0111)
N	403	328	289
AR（2）	0.6579	0.3102	0.3013
Sargan	1	1	1
面板C：根据银行规模的异质性研究			
变量	(7)	(8)	(9)
	LiqM	*LiqR*	*IntR*
GdpGrow	-0.415*** (0.0770)	-0.414** (0.1548)	-0.473*** (0.0526)
GdpGrow × *Size*	0.355*** (0.1203)	0.141** (0.0621)	0.256*** (0.0311)
N	403	328	289
AR（2）	0.5402	0.3608	0.2101
Sargan	1	1	1

资料来源：谭文凯．我国商业银行流动性风险顺周期性研究［D］．广西大学，2018.

第四节 稳健性检验

为保障结果的稳健性，本书将主要解释变量替换为全国 GDP 增长率后再次对模型 1 进行稳健性检验回归，结果报告在表 3-8 的面板 A 中，得到与主回归一致的结论；面板 B 和面板 C 分别对全体样本的所有连续变量进行了 1%和 5%的缩尾处理，再次估计模型 1，同样得到了与前文主回归的一致结论，即宏观经济波动与流动性风险显著正相关。表 3-8 的结果表明本书的实证模型具有稳健性。

表 3-8 稳健性检验

面板 A：统一使用全国宏观经济增长率进行回归			
	LiqM	*LiqR*	*IntR*
GdpGrow	-0.217*** (0.0069)	-0.169*** (0.0306)	-0.149* (0.0934)
N	403	328	289
AR (2)	0.4224	0.4963	0.5584
Sargan	1	1	1
面板 B：对样本进行 1%缩尾处理			
	LiqM	*LiqR*	*IntR*
GdpGrow	-0.298** (0.1625)	-0.281*** (0.0222)	-0.113** (0.1021)
N	403	328	289
AR (2)	0.5643	0.3518	0.4266
Sargan	1	1	1

续表

面板 C：对样本进行 5% 缩尾处理			
	LiqM	*LiqR*	*IntR*
GdpGrow	−0.3006** (−0.1301)	−0.253** (0.1315)	−0.171* (0.0977)
N	403	328	289
AR（2）	0.5433	0.4208	0.3782
Sargan	1	1	1

资料来源：谭文凯．我国商业银行流动性风险顺周期性研究［D］．广西大学，2018.

第五节 本章小结

本章选择了我国 84 家商业银行 2003～2016 年的数据，就宏观经济波动对我国商业银行流动性风险的影响及其机理进行了研究。首先，分别计算了每家银行每一年的流动性错配指数，作为衡量银行流动性风险的主要指标，还选择了流动性比率和同业资产负债比作为被解释变量银行流动性风险的代理变量；其次，构建了 5 个实证回归模型，分别验证宏观经济波动对我国商业银行流动性风险的影响及其异质性等；最后，进行稳健性检验。

本章的研究结果表明：①宏观经济波动对我国商业银行流动性风险具有显著的正向影响；②宏观经济波动对银行流动性风险的影响不具有对称性，即在整体经济环境较差时，宏观经济波动对商业银行流动性风险的正向影响更为显著；③对于资本充足率较高的银行，宏观经济波动对商业银行流动性风险的影响较小；④银行杠杆率的提高，会使得宏观经济波动对商业银行流动性风险的作用更强；⑤对于规模较大的银行，其流动性风险受宏观经济波动的影响相对较小。

第四章　货币政策与我国商业银行流动性风险

在影响银行流动性风险的外部因素中，除宏观经济、金融监管和投资者行为外，货币政策对银行流动性风险的影响也不容小觑（Farhi & Tirole，2012）。在目前掌握的文献中，仅发现 Farhi 和 Tirole（2012）从利率角度研究流动性风险，其结果表明美国低利率政策的实施导致银行流动性风险加大，并最终引发了 2008 年的金融危机。但该文献并未考察不同类型货币政策对银行流动性风险的影响，也未检验货币政策对银行流动性风险的影响渠道。那么，货币政策对我国商业银行流动性风险产生怎样的影响？其具体的影响机制和影响渠道又是怎样的？在当前银行业流动性风险日趋加大且强化对流动性风险的管控已成我国金融监管核心的背景下，对这些问题的回答既具有重要的理论价值，也有现实紧迫性。本章首先对货币政策影响银行流动性风险进行理论分析，在此基础上提出研究假设；其次，设计解释变量和被解释变量，并构建一系列的实证检验模型；再次，利用 2008 ~ 2017 年我国 157 家商业银行的相关数据进行实证检验，并进行实证结果分析；最后，为保证实证结果的准确，还利用多种方法进行了稳健性检验。

第一节　理论分析与研究假设

（一）货币政策对商业银行流动性风险的影响

货币政策主要分为以再贷款利率为代表的价格型政策和以存款准备金率为代表的数量型政策。在实行宽松的价格型货币政策时，投融资活动因较低的利率水平而变得活跃（周英章和蒋振声，2002），企业也从更健康的资产负债平衡中获益，银行机构发放贷款的意愿提高（Chami & Cosimano，2010）。为及时抢占资金市场份额，银行会采取扩张信贷额度的措施，降低信贷审批标准（Ariccia & Marquez，2006）。虽然短期内企业可快速获取低成本的融资，但随着时间的推移，因放宽信贷审批标准会带来信用风险，银行则会被迫紧缩信贷放款量，企业融资难度加大，日常经营资金流转受阻，未来会无力偿还银行信贷扩张期所发放的贷款，信用风险会日趋严重，最终使商业银行流动性风险提高（Jiménez et al.，2014）。Farhi 和 Tirole（2012）对美国 2008 年金融危机进行研究时发现，低利率政策会加重银行资产负债的错配程度，促进银行流动性风险的集聚。扩张的数量型货币政策则意味着商业银行用于信贷的资金比例上升，提交至中央银行以应对储户流动性提取的资产比例下降。用于信贷资金的比例上升导致银行的信贷规模扩大，其面临的潜在违约风险加大，而因违约风险加大带来的对流动性资产的需求也会加大，在银行流动性资产减少的情况下，其流动性风险水平必然会上升。

与此同时，虽然宽松的货币政策降低了商业银行从同业市场获取资金的成本，看似缓解了资金的流动性压力，但规模日益壮大的影子银行对商业银行资金流动性产生的影响却不容忽视。影子银行发展的主要形式为同业业务，同业业务的迅速开展改变了商业银行传统的经营模式，例如，商业银行利用同业业务灵活地调整存款和贷款的规模，从而达到减少缴纳法定存款准备金的数额，削弱了货币政策的调控有效性，最终创造了“额外的信用”，改变了信用创造方式。在监管之外，影子银行利用信用创造生成了不断增加杠杆的资金链条，资金在金融系统中不停地空转，造成银行的流动性风险不断攀升。随着监管力度不断加大，影子银行的同业业务由表外逐渐转移至表内，当宽松的货币政策提高了信贷需求时，影子银行则会通过同业负债（如同业存单等）将资金转换为以信贷为主的非标资产，造成净贷款与总资产比重上升，流动性创造总量增加，提高了流动性风险。李明辉等（2014）以及王周伟和王衡（2016）等的研究表明宽松的货币政策提高了银行业总体流动性创造，而流动性创造总量越多表明商业银行面临的流动性风险越大（刘志洋和宋玉颖，2015）。由此可见，宽松的货币政策加大了银行流动性风险。

根据以上分析，提出以下假说：

假说4－1：扩张型货币政策会加大商业银行的流动性风险。

（二）经济环境对货币政策作用于商业银行流动性风险的调节效应

银行流动性风险除受货币政策的影响，还受经济环境的影响。经济繁荣时，市场高涨的需求使商品交易价格和交易数量提高，企业利润增加。在利益的驱使下，银行会加大对企业信贷的投放。这不但有可能造成银行流动性资产占比的下降，还会加大银行面临的违约风险，进而导致银行流动性风险的集聚。当经济处于下行期时，市场需求萎靡不振，商品交易价格和交易数量下降，即使扩张型货币政策加大了银行信贷的意愿和能力，但企业信贷需求量降低，银行放款量占总资产和表外业务的比重依然会下降，商业银行抵御流动性风险的能力则会有所上升。

根据以上分析，提出以下假说：

假说4－2：在经济下行期，扩张型货币政策对商业银行流动性风险的扩大效应会减弱。

（三）银行性质对货币政策作用于商业银行流动性风险的调节效应

在银行性质方面，上市银行较非上市银行拥有来自政府更多的隐形信用保障，人们更愿意将存款存放于上市银行，而上市银行的信贷资金来源较为稳定。与此同时，上市银行贷款对象以大型企业为主，贷款交易性质侧重交易型，对贷款人的审核标准较高；而非上市银行的贷款对象多为地域性小企业，且关系型贷款特征显著，非上市银行为避免贷款损失，会对贷款管理采取积极的监督措施。因此，上市银行面对扩张型货币政策带来的信贷增量时，存在疏于贷款质量监管的倾向，从而有可能会加剧流动性风险。

根据以上分析，提出以下假说：

假说4－3：对于上市商业银行来说，扩张型货币政策对其流动性风险的扩大效应会增强。

（四）货币政策影响商业银行流动性风险的传导渠道

货币政策在各国家或地区的宏观经济调控中处于重要地位，通过不同的传导途径，最终作用于微观层面的银行信贷行为和相关企业的日常经营活动，从而实现宏观经济目标。宽松的货币政策有利于商业银行降低筹资成本或增强其信贷能力，在其他影响因素相对稳定时，银行会扩张信贷规模以应对膨胀的市场资金需求。Kashyap 等（1993）对同时期的银行贷款和商业票据进行研究，结果表明扩张性货币政策导致商业票据的发行量减少，同时银行贷款量增加，信贷规模扩大。Van Den Heuvel（2002，2003）的研究表明货币当局实施紧缩政策时，银行盈利水平下降，原有资本存量随时面临客户提取，未来资本补给又受到限制，资本约束成为银行正常运转的首要问题，商业银行通过降低信贷规模来达到监管部门的要求。Chami 和 Cosimano（2010）在金融加速器理论的基础上也研究得出，在紧缩的货币政策下，商业银行的盈利水平大幅降低，银行会紧缩贷款规模，以满足严格的外部资本监管。综上，货币政策会对银行信贷行为产生影响：扩张的货币政策会使商业银行的信贷规模增加，而紧缩的货币政策会使商业银行的信贷规模下降。

与此同时，银行信贷行为会对其流动性风险产生影响。一方面，商业银行的信贷扩张会促进经济快速发展，资金的存储回报利率提高，储蓄者面对日益增加的利率会把闲置资金存放银行，从而也增强了银行向市场发放贷款的能力，企业面对扩张的信贷行为会将从银行借贷的款项投资于长期回报率较高的项目，当市场所承载的扩张型信贷濒临饱和时，因银行资产负债项目不能及时进行期限匹配而引起的资金流动性紧缺问题就构成了流动性风险的导火索。另一方面，持续、较快的经济发展有可能导致银行负债量超出偿还能力，银行会因此而收紧贷款，经济进入低迷期。此时，向银行提供资金的储蓄者会要求收回资金以防止其进一步贬值，短期内面对大量要求变现的负债，银行若选择同业拆借来满足其对流动性的需求，不仅其他银行在经济紧缩的环境中无充足的可拆借资金，而且拆借资金的成本也会较高，因此银行有可能将流动性资产进行更大折扣的变卖，这种行为导致市场中的资产价格恶性减值，从而加大了银行流动性风险。此外，商业银行为在短期内迅速占据信贷市场份额，会降低贷款成本，放宽贷款审批标准，贷款发放后也有可能放松对资金流向和用途的监管。随着放贷时间和数量的增加，潜在的信用风险日益加重，商业银行为抑制信用风险引发的流动性风险，有可能紧缩贷款，个人和企业面对未预期的贷款供给断流则会产生资金难以维持运转的恐慌，从而最终累及整个银行系统和经济环境。

根据以上分析，提出以下假说：

假说4－4：银行信贷行为是货币政策影响商业银行流动性风险的传导渠道。

第二节　实证研究设计

一、数据说明

本书选取2008～2017年我国商业银行作为总体研究样本。为确保实证结论的严谨性和有效性，在剔除年度数据缺失超过3年的样本后，最终形成了由157家商业银行组成的近十年的非平衡面板数据。其中，商业银行微观数据一方面来自Bankscope银行业数据库、CSMAR国泰安数据库以及Wing数据库，另一方面来自商业银行年度报表，并将手工收集的观测数据与数据库进行校验，以尽可能地保持观测数据的充足性和准确性；宏观经济和货币政策的数据来自国家统计局和中国人民银行等机构。

二、变量设定

本书采用三类主要变量进行实证检验。第一类为货币政策对流动性风险影响的被解释变量和解释变量。借鉴Gobat等（2014）的做法，将*NSFR*和*LCR*设定为银行流动性风险的主要代理指标；另据Berger和Bouwman（2009）等的做法，将*LR*设定为流动性风险稳健性测试的辅助代理指标。*NSFR*和*LCR*指标值与银行流动性风险呈反向变化，即*NSFR*和*LCR*越高，银行的流动性越充足，抵御风险的能力越强，银行流动性风险越小；反之则相反。基于2014年颁布的最新版本《巴塞尔协议Ⅲ：净稳定资金比率》，并从我国商业银行实际财务披露状况和日益增加的表外业务出发，将净稳定资金比率（*NSFR*）计算公式设计成式（4－1），净稳定资金比率包含的项目及其折算比率如表4－1所示。

$$\text{净稳定资金比率}(NSFR) = \frac{\text{可用稳定资金}(ASF)}{\text{业务所需稳定资金}(RSF)} = \frac{\sum_i w_i L_i}{\sum_j w_j A_j} \quad (4-1)$$

式中 W_i、W_j 分别代表负债方和资产方不同项目的权重，L_i、A_j 分别代表银行负债方和资产方的不同项目。

表 4-1 净稳定资金比率（NSFR）包含项目及其折算比率 单位:%

资产	流动性归属项目	NSFR 折算比率	负债、权益、表外业务、衍生品	流动性归属项目	NSFR 折算比率
住房抵押贷款	RSF	0.85	客户存款	ASF	0.9
其他抵押贷款	RSF	0.85	同业负债	ASF	0.9
客户和零售贷款	RSF	0.85	回购	ASF	0.9
企业和商业贷款	RSF	0.85	现金抵押品	ASF	0.9
其他贷款	RSF	0.85	其他存款	ASF	0.9
银行贷款及放款	RSF	0.85	短期借款	ASF	0.9
政府债券和衍生资产	RSF	0.05	长期融资	ASF	0.95
房地产投资	RSF	0.5	衍生负债	ASF	0.95
保险资产	RSF	0.5	交易性负债	ASF	0.95
其他盈利资产	RSF	0.5	贷款损失准备金	ASF	1
现金及存放同业	RSF	0	其他准备金	ASF	1
止赎房产	RSF	1	股东权益	ASF	1
固定资产	RSF	1			
商誉	RSF	1			
其他无形资产	RSF	1			
当期所得税资产	RSF	1			
递延所得税资产	RSF	1			
已终止经营业务	RSF	1			
其他资产	RSF	1			
资产证券化	RSF	0.05			
其他资产证券化	RSF	0.05			
保证	RSF	0.05			

续表

资产	流动性归属项目	*NSFR* 折算比率	负债、权益、表外业务、衍生品	流动性归属项目	*NSFR* 折算比率
承兑及跟单信用证	*RSF*	0.05			
承诺信贷额度	*RSF*	0.05			
其他或有负债	*RSF*	0.05			

资料来源：潘敏，陶宇鸥，汪怡．商业银行长期流动性监管具有顺周期特征吗？——来自中国银行业的经验证据［J］．国际金融研究，2017（4）：78－87.

根据《巴塞尔协议Ⅲ：流动性覆盖率和流动性风险监测标准》，*LCR* 的计算公式如下：

流动性覆盖率＝合格优质流动性÷资产未来30天现金净流出量　（4－2）

其中，合格优质流动性资产由一级资产和二级资产构成：

未来30天现金净流出量＝未来30天现金流出量－未来30天现金流入量　（4－3）

商业银行应当将30天内到期的涉及合格优质流动性资产的抵（质）押融资、抵（质）押借贷以及抵（质）押品互换交易还原，相应调整各类合格优质流动性资产的数量，合格优质流动性资产的计算为：

合格优质流动性资产＝一级资产＋2A资产＋2B资产－2B资产调整项－二级资产调整项　（4－4）

最终，结合我国《商业银行资本管理办法》，将 *LCR* 的计算公式优化如下：

流动性覆盖率（*LCR*）＝

$$\frac{\text{一级资产}+2A\text{资产}+2B\text{资产}-2B\text{资产调整项}-\text{二级资产调整项}}{\text{压力情景下未来30天现金流出量}-\min(\text{现金流入量；}75\%\text{现金流出量})}$$①　（4－5）

① 由于篇幅有限，具体详情请见《商业银行资本管理办法（试行）》。

综合性指标相较于会计指标能更真实地反映流动性风险的情况（Poorman & Black，2005），流动性创造指标就是目前国际高度认可的综合性指标，由流动性创造总量与商业银行总资产规模之比构成。其中，流动性创造总量是将资产、负债、权益、衍生品以及表外业务量与其相对应的流动性权重、准流动性权重和非流动性权重的乘积之和表示。流动性创造总量越多，商业银行面临的流动性风险越大。其计算公式见式（4－6），流动性创造总量包含的项目及其权重如表4－2所示。

$$\text{流动性创造}(LR)=\frac{\text{流动性创造总量}}{\text{商业银行总资产}} \tag{4-6}$$

表4－2　流动性创造总量（LC）包含项目及其权重

资产	流动性特征	权重	负债、权益、表外业务、衍生品	流动性特征	权重
现金及存放中央银行款项	流动性	-0.5	活期存款	流动性	0.5
存放同业及其他金融机构存款	流动性	-0.5	同业和其他金融机构存放款项	流动性	0.5
拆出资金	流动性	-0.5	向中央银行借款	流动性	0.5
交易性金融资产	流动性	-0.5	拆入资金	流动性	0.5
衍生金融资产	流动性	-0.5	衍生金融负债	流动性	0.5
买入反售金融资产	准流动性	0	交易性金融负债	流动性	0.5
可供出售金融资产	准流动性	0	卖出回购金融资产	准流动性	0
银行贷款	非流动性	0.5	定期存款	准流动性	0
贵金属	非流动性	0.5	应付职工薪酬	非流动性	-0.5
应收利息	非流动性	0.5	应交税费	非流动性	-0.5
持有到期投资	非流动性	0.5	应付利息	非流动性	-0.5
长期股权投资	非流动性	0.5	应付债券	非流动性	-0.5
应收款项类投资	非流动性	0.5	递延所得税负债	非流动性	-0.5
固定资产	非流动性	0.5	预计负债和其他负债	非流动性	-0.5
无形资产	非流动性	0.5	股本	非流动性	-0.5
递延所得税资产	非流动性	0.5			

续表

资产	流动性特征	权重	负债、权益、表外业务、衍生品	流动性特征	权重
投资性房地产	非流动性	0.5			
其他资产	非流动性	0.5			
商誉	非流动性	0.5			

资料来源：刘志洋，宋玉颖．商业银行流动性风险与系统性风险贡献度［J］．南开经济研究，2015（9）：131－143.

由于我国货币政策的代理变量不适宜选用货币供应量（杨建明，2003），所以本文设定存款准备金率（*Rrr*）为货币政策的主代理变量，借鉴金鹏辉等（2014）设定再贷款利率（*Rir*）作为货币政策稳健性检验的辅助替代变量。

第二类主要变量为货币政策对银行信贷行为影响以及银行信贷行为对流动性风险影响的被解释变量和解释变量。借鉴黄宪和熊启跃（2013）、魏巍（2016）等研究，设定银行信贷增速（*Cgr*）为银行信贷行为的代理变量；货币政策与流动性风险的代理变量与前文设定相同。

第三类变量为控制变量，借鉴 Dietrich 等（2014）、Chen 等（2015）的文献，在控制商业银行个体特征方面，选取银行资产规模（*Size*）、不良贷款率（*Nplr*）、资产收益率（*Roa*）、贷款损失率（*Pcl*）、成本收入比（*Cir*）。*Size* 控制了银行个体规模，规模较小的银行大多数以传统业务为日常主要经营内容，规模较大的银行为维持大量资金运作的稳定对融资批发的需求更高，从而导致资产负债之间的错配更加频繁，进而引起资产的流动性风险加剧。*Nplr* 控制了银行个体风险管控的能力，信贷资产的质量是影响银行稳健运转的重要因素，不良贷款率上升会削减银行资产市值，导致流动性风险加剧。*Roa* 控制了银行个体盈利能力，良好的资产收益率保障了银行日常运营的稳定性，即提高了资产的流动性，减弱了流动性风险。设定 *Cir* 为银行信贷行为的特有控制变量，其控制了银行个体经营成本，因为较高的经营成本会提高银行借助扩张信贷规模的多获利来填补日常经营耗费成本的意愿，此项为货币政策对银行信贷行为特有的控制变量。设定 *Pcl* 为流动性风险特有控制变量，其控制了银行个体所发放贷款的质量。较高的贷款损失率提高了信贷资产的质量，使银行增强面临潜在流动性隐患的应对能力。此外，考虑到银行业总体和宏观经济对流动性风险的影响因素，选取银行业资产集中度（*Bcr*）作为行业整体控制变量：集中程度越高则市场结构越牢固，吸纳各类资金的能力越强，不同用途的资金在期限转换上面临的流动性风险就更高。选取国内生产总值增速（*Gdpgr*）作为宏观经济控制变量，良好的经济环境可扩充银行信贷资金的来源渠道，提高资金的流动性，从而降低流动性风险。变量详情如表 4 - 3 所示。

表 4 - 3 变量详情

变量符号	变量名称	计算公式
NSFR	净稳定资金比率	*NSFR* = 可用稳定资金（*ASF*）/业务所需稳定资金（*RSF*）
LCR	流动性覆盖率	*LCR* = 优质流动性资产/未来 30 天内预期现金净流出
LR	流动性创造指标	*LR* = 流动性创造总量/总资产
Rrr	存款准备金率	时间加权即分机构加权
Rir	再贷款利率	时间加权
Cgr	信贷增速	*Cgr* = （本年度信贷总量 - 上一年度信贷总量）/上一年度信贷总量
Size	资产规模	直接定义并取对数值
Nplr	不良贷款率	*Nplr* = （次级类贷款 + 可疑类贷款 + 损失类贷款）/各项贷款
Roa	资产收益率	*Roa* = （利润总额 + 利息支出）/总资产
Pcl	贷款损失率	*Pcl* = 贷款损失准备金/贷款总量
Cir	成本收入比	*Cir* = 成本总额/收入总额
Bcr	银行业集中度	*Bcr* = 工、农、中、建四大银行总资产/银行业总资产
Gdpgr	国内生产总值增速	*Gdpgr* = （本年度国内生产总值 - 上一年度国内生产总值）/上一年度国内生产总值

三、实证设计

首先，为检验我国货币政策对商业银行流动性风险的影响（假说1）、该影响在经济下行期是否有所变化（假说2）以及对不同的银行该影响是否具有异质性等（假说3），本书设计了实证模型1、模型2和模型3，分别如式（4-7）、式（4-8）和式（4-9）所示。

$$RISK_{i,t} = \beta_0 + \beta_1 MP_{i,t} + \beta_2 Control_{i,t} + \varepsilon_{i,t} \tag{4-7}$$

$$RISK_{i,t} = \beta_0 + \beta_1 MP_{i,t} + \beta_2 Eco_{i,t} + \beta_3 MP_{i,t} \times Eco_{i,t} + \beta_4 Control_{i,t} + \varepsilon_{i,t} \tag{4-8}$$

$$RISK_{i,t} = \beta_0 + \beta_1 MP_{i,t} + \beta_2 Stock_{i,t} + \beta_3 MP_{i,t} \times Stock_{i,t} + \beta_4 Control_{i,t} + \varepsilon_{i,t} \tag{4-9}$$

式中，$RISK_{i,t}$为流动性风险，包含 *NSFR* 和 *LCR*；$MP_{i,t}$为货币政策，包含 *Rrr* 和 *Rir*；$Control_{i,t}$为控制变量向量，包含 *Size*、*Nplr*、*Roa*、*Pcl*、*Bcr* 和 *Gdpgr*；$Eco_{i,t}$为经济环境虚拟变量，经济下行期[①]设定该虚拟变量值为1，其他为0；$Stock_{i,t}$为上市银行虚拟变量，若是上市银行则设定其值为1，其他为0。

其次，为了检验银行信贷行为是否是我国货币政策影响商业银行流动性风险的传导渠道（假说4），本书设计了实证模型4和模型5，分别如式（4-10）和式（4-11）所示。

$$Cgr_{i,t} = \beta_0 + \beta_1 MP_{i,t} + \beta_2 Control_{i,t} + \varepsilon_{i,t} \tag{4-10}$$

式中，$Cgr_{i,t}$为银行信贷增速；$MP_{i,t}$为货币政策，包含 *Rrr*；$Control_{i,t}$为控制变量向量，包含 *Size*、*Nplr*、*Roa*、*Cir*、*Bcr* 和 *Gdpgr*。

$$RISK_{i,t} = \beta_0 + \beta_1 Cgr_{i,t} + \beta_2 Control_{i,t} + \varepsilon_{i,t} \tag{4-11}$$

式中，$RISK_{i,t}$为银行流动性风险；$Cgr_{i,t}$为银行信贷增速；$Control_{i,t}$为控制变量向量，包含 *Size*、*Nplr*、*Roa*、*Bcr* 和 *Gdpgr*。

---

① 参考黄宪和王旭东（2015）判定经济下行和上行的方法，当CPI指数环比降低则视为经济下行期。

我们对连续性样本数据在其1%和99%的分布位置上进行缩尾处理，确保消除极端值对实证结果的干扰。对所有解释变量进行VIF检验，结果显示所有方差膨胀因子均小于10，证明解释变量不存在明显的多重共线性问题。参考Berrospide和Edge（2010）以及廉永辉和张琳（2015）等的研究方法，采取静态面板数据模型进行实证检验，依照豪斯曼检验结果确定主模型的回归形式为固定效应模型。为避免因其他辅助性模型的实证方式不同而扰乱结果的真实性，对传导机制涉及的模型进行豪斯曼检验，结果显示均适用固定效应模型。此外，采用聚类稳健的标准误差以消除因异方差和序列相关性等产生的问题。

第三节 实证结果分析

一、描述性统计与相关性检验

本书的样本数据截取自近十年157家银行披露的财务报表，其中包括工商银行、建设银行等5家国有控股银行，招商银行、浦发银行等12家上市银行，天津银行、杭州银行等117家城市商业银行以及北京农村商业银行、上海农商银行等23家农村商业银行。从描述性统计表中可直观地看到我国近十年的*NSFR*均值为103%，略高于2014年最新修订的《巴塞尔协议Ⅲ》最低标准100%，但*LCR*却没有达到监管标准的要求，且两项指标的最小值均远低于100%，说明部分商业银行存在流动性风险隐患，具体详情如表4-4所示。本文采取了皮尔森和斯皮尔曼两种相关性检验，*NSFR*、*LCR*与*Rrr*、*Rir*分别表现出显著的正相关关系，大部分变量均与流动性风险的相关系数高度显著，各项变量相关系数详情如表4-5所示。

表 4 –4　各项变量的描述性统计结果

变量符号	观测值	均值	标准差	最小值	中位数	最大值
NSFR	1342	1.030	0.250	0.230	1.040	1.860
LCR	1242	0.770	0.300	0.240	0.690	1.590
LR	1342	0.470	0.240	-0.240	0.460	1.570
Cgr	1342	0.200	0.330	-0.330	0.170	1.450
Rrr	1570	0.180	0.020	0.120	0.170	0.200
Rir	1570	0.040	0.020	0.030	0.040	0.040
Size	1342	25.670	1.570	22.040	25.390	30.890
Nplr	1268	0.010	0.010	0.000	0.010	0.230
Roa	1342	0.610	0.490	-0.770	0.550	1.840
Pcl	1200	0.210	0.130	0.010	0.210	0.940
Cir	1288	0.380	0.160	0.010	0.350	1.060
Bcr	1342	0.410	0.050	0.350	0.410	0.490
Gdpgr	1342	0.120	0.040	0.070	0.100	0.180

二、货币政策对流动性风险影响的检验结果及分析

表 4 –6 中模型 1 分别估计了货币政策主代理变量 *Rrr* 对商业银行流动性风险主代理变量 *NSFR* 和 *LCR* 的影响，两者表现出高度显著的正相关关系，降低存款准备金率 1% 的幅度会引起净稳定资金率下降 2.03%，流动性覆盖率下降 1.19%，即货币当局实施扩张性的货币政策使商业银行流动性风险提高。商业银行资产规模和贷款损失率与流动性风险不具有相关性，造成此现象的原因可能是我国银行存在“大而不倒”的现象，即使面对银行内部资金流转产生的流动性风险，政府或其他大型金融机构联合保底以避免其倒闭对金融市场产生冲击，此现象干扰了规模较大的银行可能面临更为严重的流动性风险的理论预期。提高贷款损失率增加了资产负债期限匹配难度，降低了资产变现能力，提高了银行承担的流动性风险，*NSFR* 和 *LCR* 指标应显现出反向变动的关系，但计提较高额度的贷款损失准备金可提高已发放贷款质量，有助于降低流

表 4－5　各项变量的相关系数汇总

	NSFR	*LCR*	*LR*	*Rrr*	*Rir*	*Cgr*	*Size*	*Nplr*	*Roa*	*Pcl*	*Cir*	*Bcr*	*Gdpgr*
NSFR	1	0.2748***	−0.4596***	0.2135***	0.1890***	−0.1707***	−0.1676***	−0.0058	−0.4873***	−0.2001***	0.0475	−0.5218***	−0.4287***
LCR	0.1103***	1	−0.2960***	0.0675**	0.1324***	−0.0935***	0.2395***	−0.1245***	−0.4043***	−0.2496***	0.0386	−0.5841***	0.3315***
LR	−0.3251***	−0.0888**	1	−0.0758***	−0.0342*	0.1551***	−0.0678**	0.0067	0.2560***	0.0970***	0.1239***	0.3090***	0.2104***
Rrr	0.2673***	0.0590**	−0.1500***	1	0.4736***	−0.0517*	0.0234	−0.3007***	0.1247***	−0.0786***	0.0228	0.1112***	−0.2086***
Rir	0.2057***	0.0841**	−0.0642**	0.5070***	1	−0.0475*	0.0554**	−0.2989***	0.0723***	−0.0968***	0.0367	0.2234***	−0.2985***
Cgr	−0.0637**	−0.0470**	0.0285	−0.0500*	−0.0411*	1	0.0174	−0.2066***	0.1761***	−0.0432***	0.0111	0.2420***	−0.1473***
Size	−0.0697**	0.1423***	−0.0715**	0.0133	0.0206	0.0237	1	0.0276	0.3046***	0.4259***	−0.2432***	−0.3418***	0.2154***
Nplr	−0.0693**	−0.0591**	0.0715	−0.2780***	−0.2452***	−0.0947***	−0.0235	1	0.1211***	0.0647***	−0.0156	−0.2178***	0.1611***
Roa	−0.3821***	−0.3074***	0.2369***	0.2182***	0.1124***	0.0182*	0.2156***	0.0253	1	0.2366***	−0.2684***	−0.6352***	0.6024***
Pcl	−0.1630***	−0.2675***	0.0919	−0.0497*	−0.0624**	−0.0056	0.3088***	0.0380	0.1994***	1	−0.0760***	−0.4076	0.2672***
Cir	−0.0060***	−0.0178	0.1737***	0.0053*	0.0095*	0.0587**	−0.2266***	−0.0202	−0.2419***	−0.0076	1	0.0677***	−0.0837***
Bcr	−0.4633***	−0.4582***	0.2885***	0.1020***	0.0661**	0.0800**	−0.2500***	−0.0740*	−0.6301***	−0.3943***	0.0494*	1	−0.5455***
Gdpgr	−0.2888***	0.2803***	0.1604***	−0.0283	−0.0987***	−0.0711***	0.1870***	0.1213***	0.5509***	0.2699***	−0.0691*	−0.6189***	1

注：相关系数矩阵下半部分为 Person 相关系数，上半部分为 Spearman 相关系数。*** 表示在 1% 水平内显著，** 表示在 5% 水平内显著，* 表示在 10% 水平内显著。

表 4－6 货币政策对流动性风险的影响

解释变量	(1)	(2)	(3)	(4)	(5)	(6)
	模型 1	模型 1	模型 2	模型 2	模型 3	模型 3
	NSFR	*LCR*	*NSFR*	*LCR*	*NSFR*	*LCR*
Rrr	0.0203 *** (0.0037)	0.0119 *** (0.0039)	0.0157 *** (0.0047)	0.0102 *** (0.0035)	0.0217 *** (0.0049)	0.0131 *** (0.0043)
Eco			0.8441 *** (0.2066)	0.8086 *** (0.2896)		
Eco × *Rrr*			−0.0469 *** (−0.0118)	−0.0482 *** (−0.0170)		
Stock					0.1178 (0.1091)	0.0769 (0.1363)
Stock × *Rrr*					−0.0058 (−0.0056)	−0.0078 (−0.0076)
Size	0.0482 (0.0569)	0.0583 (0.0448)	0.0482 (0.0570)	0.0560 (0.0446)	0.0517 (0.0582)	0.0543 (0.0455)
Nplr	−0.2040 *** (−0.0614)	−0.2060 (−0.1298)	−0.1947 *** (−0.0653)	−0.1937 (−0.1324)	−0.2218 *** (−0.0635)	−0.2110 (−0.1315)
Roa	−0.0578 ** (−0.0237)	−0.0788 *** (−0.0253)	−0.0682 *** (−0.0298)	−0.0734 *** (−0.0259)	−0.0566 ** (−0.0294)	−0.0788 *** (−0.0252)
Pcl	−0.0372 (−0.0817)	−0.1570 (−0.1130)	−0.0478 (−0.1117)	−0.1493 (−0.1124)	−0.0690 (−0.1102)	−0.1608 (−0.1146)
Bcr	−0.2080 *** (−0.0228)	−0.2080 *** (−0.0457)	−0.2646 *** (−0.0666)	−0.2069 *** (−0.0458)	−0.2465 *** (−0.0664)	−0.2061 *** (−0.0457)
Gdpgr	0.0081 (0.1006)	−0.2870 (−0.1965)	0.5871 *** 0.1524	0.0407 0.2475	0.0058 (0.1006)	0.2901 (0.1987)
Cons	−0.8960 *** (−0.2365)	0.2260 (1.2895)	−2.1528 (−1.6934)	0.2141 (1.2917)	−1.9753 (−1.7121)	0.3305 (1.2957)
N	1342	1342	1342	1342	1342	1342
R^2	0.3012	0.2885	0.3124	0.2940	0.3029	0.2906

注：括号内为稳健标准误差；*、**、*** 分别表示在 10%、5%、1% 的水平下显著。

动性风险，与 *NSFR* 和 *LCR* 指标呈正向关系，从而难以清晰地判别出何种影响占有主导趋势。其他控制变量的估计结果与理论预期基本相同。模型 2 中引进了经济环境与货币政策的交叉项，进一步检验在经济环境变动中货币政策对商业银行流动性风险的影响是否有所改变。从模型 2 可以看出，经济环境变量与存款准备金率交互项的回归系数分别为 -0.0469 和 -0.0482，均在 1% 水平下显著为正，与存款准备金率的回归系数 0.0157 和 0.0102 符号相反，说明在经济下行期扩张型货币政策对商业银行流动性风险的促进作用减弱了。造成此现象的原因可能是货币政策虽然对银行信贷量有提升作用，但在经济下行期企业信贷需求量降低，最终银行放款量还是会下降，从而商业银行抵御流动性风险的能力会提升。模型 3 中引进了上市银行与货币政策的交叉项，进一步检验货币政策对不同类型商业银行流动性风险的影响是否具有异质性。从模型 3 可以看出，上市银行与流动性风险交互项并不显著，说明货币政策对上市银行与非上市银行流动性风险的影响并不具异质性。上市银行受股票投资者等外部监督力度远高于非上市银行，这提高了银行疏于管控引发流动性风险所带来的潜在损失，且上市银行规模庞大，资本约束能力较强，从而降低了贷款等业务诱发流动性风险的概率。因此，扩张型货币政策对上市银行和非上市银行流动性风险的扩大效应并没有明显的不同。

三、货币政策对流动性风险影响的传导渠道检验及分析

从表 4-7 第 1 列可以看到，银行信贷增速与存款准备金率呈现显著负相关性，即扩张型货币政策会导致商业银行扩大放贷规模；表 4-7 中模型 5 分别估计了银行信贷行为代理变量 *Cgr* 对商业银行流动性风险主代理变量 *NSFR* 和 *LCR* 的影响，两者呈显著负相关，表明信贷扩张将加剧流动性风险。综合模型 4 和模型 5，本书的检验结果支持货币政策—银行信贷行为—银行流动性风险的传导机制。

表 4-7 货币政策对流动性风险影响的传导渠道检验

解释变量	(1)	(2)	(3)
	模型 4	模型 5	模型 5
	Cgr	*NSFR*	*LCR*
Rrr	-0.0058*** (-0.0015)		
Cgr		-0.0656** (-0.0364)	-0.1278** (-0.0519)
Size	0.0016 (0.0035)	0.0070** (0.0034)	0.0052 (0.0063)
Nplr	-0.3196*** (-0.0619)	-0.1484** (-0.0628)	-0.0763** (-0.0297)
Roa	0.0040 (0.0096)	-0.0333* (-0.0174)	-0.0111 (-0.0222)
Cir	0.0292*** (0.0339)		
Bcr	0.0653*** (0.0142)	-0.2437*** (-0.0359)	-0.2811*** (-0.0253)
Gdpgr	-0.1322** (-0.0744)	0.0743 (0.3971)	0.0630 (0.2750)
Cons	0.0116 (0.1191)	-1.2357** (-0.2074)	1.6482*** (0.2039)
N	1342	1342	1342
R^2	0.0413	0.2784	0.2477

注：括号内为稳健标准误差；*、**、***分别表示在 10%、5%、1% 的水平下显著。

第四节 稳健性检验

本书采用两种稳健性检验法：一是变量替换法，即分别替换主回归模型中的货币政策代理变量和流动性风险代理变量。实证结果表明不同类型的货币政策对流动性风险的影响趋势是相似的，即扩张型货币政策会加大商业银行流动性风险。当用流动性风险辅助代理变量 *LR* 进行实证时，其与存款准备金率显著负相关，即中央银行实施扩张型的货币政策会提高商业银行的流动性风险。二是动态面板估计法，考虑到流动性风险具有显著的连续性，在模型中纳入被解释变量的滞后一期变量。因两步 GMM 估计方式较单步 GMM 估计方式造成了标准误差向下偏离应有的正常值，系统 GMM 估计方式较差分 GMM 估计方式涵盖了更多的样本数据，增加了检验结果的可靠性（Arellano & Bond，1991；Blundell & Bond，1998），故采用单步系统 GMM 估计方式，检验结果显示两者均与货币政策呈现高度正相关，即扩张型货币政策将会加大商业银行的流动性风险。具体详情如表 4－8 所示。

表 4－8 货币政策对银行流动性风险影响的稳健性测试结果

解释变量	(1)	(2)	(3)	(4)	(5)	(6)	(7)
	NSFR	*LCR*	*LR*	*NSFR*	*LCR*	*NSFR*	*LCR*
LRisk				0.1377*** (0.2839)	0.1290** (0.0578)	0.1039*** (0.0265)	0.1069** (0.0584)
Rrr			－0.0486* (－0.0028)	0.0131*** (0.0032)	0.0079*** (0.0047)		
Rir	0.0103*** (0.0014)	0.0349*** (0.0145)				0.0098*** (0.0011)	0.0037*** (0.0017)
Size	0.0367 (0.0551)	0.0384 (0.0437)	－0.0245*** (－0.0059)	－0.0917** (－0.0399)	－0.0101 (－0.0610)	0.0285 (0.0396)	0.0087 (0.0618)
Nplr	－0.2137*** (－0.0682)	－0.2299*** (－0.0858)	0.1039* (0.0539)	0.1190 (0.0752)	0.0865 (0.1161)	－0.0458 (－0.0737)	－0.0669 (－0.1172)
Roa	－0.0629*** (－0.0273)	－0.0701*** (－0.0206)	0.0679*** (0.0159)	－0.1124*** (－0.0165)	－0.0861*** (－0.0252)	－0.1163*** (－0.0154)	－0.0859*** (－0.0239)
Pcl	－0.0156 (－0.1075)	－0.1181 (－0.0896)	0.0484 (0.0748)	－0.1042 (－0.0991)	－0.0325 (－0.1532)	－0.1984** (－0.0960)	－0.0544 (－0.1525)

续表

解释变量	(1)	(2)	(3)	(4)	(5)	(6)	(7)
	NSFR	*LCR*	*LR*	*NSFR*	*LCR*	*NSFR*	*LCR*
Bcr	-0.2686*** (-0.0662)	-0.2094*** (-0.0381)	0.0911*** (0.0168)	0.0469 (0.0443)	-0.2555*** (-0.0673)	-0.1251*** (-0.0437)	-0.2407*** (-0.0680)
Gdpgr	0.3126*** (0.1018)	-0.1473 (-0.1881)	0.2241*** (0.0757)	0.3097** 0.1262	-0.2841 (-0.1992)	0.4699*** (0.1238)	-0.2023 (-0.2028)
Cons	-0.7686*** (-0.2583)	0.8922 (1.2343)	0.4595*** (0.1652)	2.4098 (1.1795)	2.0115 (1.8134)	1.5066 (1.1143)	1.8196 (1.8040)
N	1342	1342	1342	859	859	859	859
AR (2)				0.6240	0.8842	0.9417	0.8085
Sargan				0.1774	0.1200	0.1690	0.1270

注：括号内为稳健标准误差；*、**、***分别表示在10%、5%、1%的水平下显著。*LR* 指标越大，表明银行流动性风险越大；该指标越小，表明银行流动性风险越小。

第五节　本章小结

基于《巴塞尔协议Ⅲ：流动性覆盖率和流动性风险监测标准》和《巴塞尔协议Ⅲ：净稳定资金比率》度量流动性风险指标的方法，本书选取了我国157家商业银行2008～2017年度非平衡面板数据，构建了以银行信贷行为为中介的传导途径，针对货币政策如何影响银行流动性风险展开实证研究，研究结果表明：第一，扩张型货币政策使商业银行承担更多的流动性风险，即降低1%的存款准备金率会引起净稳定资金率降低2.03%、流动性覆盖率降低1.19%；第二，在经济下行期，扩张型货币政策对流动性风险的扩张效应减弱；第三，对于上市银行和非上市银行而言，扩张型货币政策对流动性风险的扩张效应并不具有异质性；第四，在货币政策对流动性风险的影响过程中，银行信贷行为是重要的传导渠道，即扩张型货币政策会导致商业银行信贷规模扩大，而信贷规模的扩大会提升银行流动性风险。

第五章　我国商业银行流动性风险传染机理及传染模拟

多年来，我国银行业没有爆发流动性危机传染的重要原因是政府信用的隐性担保，但随着金融体制改革的进一步深化，政府信用从金融体系中退出已成必然，商业银行的诸多风险隐患很可能导致异质性流动性冲击在银行间的广泛传播。与此同时，随着信用链的延长及内部交易的激增，我国银行系统也呈现出更高的复杂度、集中度和关联度，银行间的债权债务关系变得更复杂。在复杂的债权债务网络中，如果发生银行流动性风险传染，其传染范围更广，传染所带来的破坏效应也更大。因此，虽然我国还未曾发生过银行流动性风险的传染事件，但是为了防患未然，我们需要未雨绸缪，加强对商业银行流动性风险传染的相关研究。本章首先对我国银行间市场网络的构建和估计进行了阐述；其次，根据我国实际对银行流动性风险传染机理进行了深度分析；最后，在流动性风险传染机理分析的基础上，结合银行业的实际数据对我国银行流动性风险的传染进行了模拟，并从流动性囤积额度和流动性短缺额度两个层面对传染效应进行多维度、细致全面的论述。

第一节　我国银行间市场网络的构建及其估计

一、我国银行间市场网络的构建

金融系统是一个开放复杂的巨系统（刘湘云和杜金岷，2011），是人类创造的最为复杂的系统之一（杨晓光和马超群，2003）。作为金融子系统的银行系统，随着信用链的延长及内部交易的激增，呈现出更高的复杂度、集中度和关联度（Shin，2009），银行间的债权债务关系网也因此变成了一个高度关联的复杂网络，从 2008 年英国银行间大额风险暴露头寸的网络图（见图 5－1）就可见一斑。

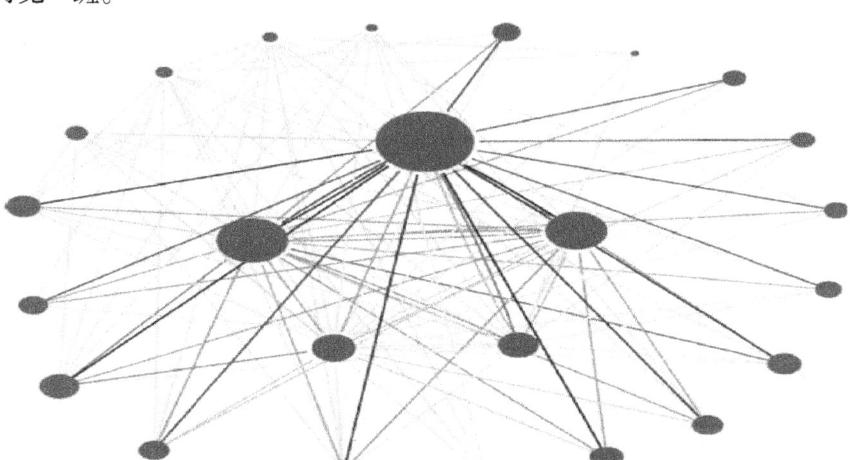

图 5－1　2008 年英国银行间大额风险暴露头寸网络

注：①大额风险暴露头寸是指超过贷款行一段时期内合格资本 10% 的头寸；②节点代表英国的银行，节点越大表示该银行在银行间市场同业业务额度越大；③连线颜色的深浅代表银行间风险暴露头寸的大小，颜色越深，表示两家银行间风险暴露头寸越大。

资料来源：英国金融服务管理局。

复杂网络是复杂系统的高度抽象，是一个包含了大量个体及个体之间相互作用的网络，可分为规则网络、随机网络、小世界网络和无标度网络四大类。在银行间市场中，债权银行和债务银行之间通过借贷业务维持着复杂的信用网络结构关系。在复杂的债权债务网络中，银行流动性风险的传染速度更快，传染范围更广，传染机理也变得更复杂。为了深入探究外生流动性冲击在我国银行间市场网络中的传播效应及传播机理，需要构建银行间市场网络。

银行间市场网络是在银行间资产负债表中债权债务相互关联的基础上建立起来的。截至2016年底，我国共有金融机构4399家，其中资产规模500亿元以上的银行共有156家。为了构建我国银行间市场网络，本书以这156家银行为初始样本，在扣除2010年及以后成立的8家银行以及2010~2016年全年没有年报的19家银行后，最终的银行间市场网络包含的银行数量减少到129家，具体有中国国家开发银行（国开行）、2家政策银行/非商业性银行、5家国有商业银行、12家股份制商业银行、81家城市商业银行和28家农村商业银行和农村合作银行。2010~2016年，这129家银行的总资产与中国银行业总资产之比在81%~86%，具体可见附录一。

在该银行间市场网络中，一个银行就代表一个网络节点。银行节点之间的联系通过银行之间实际发生的无担保同业风险敞口来实现。这种联系是一种双向关系，既包括无担保同业资产，也包括无担保同业负债，一家银行的无担保同业资产对于另一家银行来说就是无担保同业负债。银行之间的无担保风险敞口各不相同。此外，一家银行可以从另一家银行借钱，然后把钱借给第三家银行。在银行间市场中，债权银行和债务银行之间通过同业借贷业务维持复杂的信用网络结构关系。在确定流动性冲击如何通过银行网络进行传播方面，银行间市场网络中的双边债权和债务结构至关重要。基于银行间网络，[①] 我们可以模拟出风险传染所带来的破坏程度以及风险传染的范围等。

二、估计方法

由于银行通常只公开其无担保同业债务（即该银行从其交易对手借入的资金）和无担保同业资产（即该银行借给其交易对手的资金），而不公布具体的交易对手方以及两家银行之间的具体交易金额，因此，研究银行风险传染的一个挑战就是缺乏银行间风险敞口的实际数据。为了探索外生流动性冲击在银行间市场的传播，我们首先估算银行间的双边风险敞口。许多学者在利用复杂网络理论对银行系统风险传染进行研究时常常基于资产负债的相关数据，利用最大化熵原理（Maximum Entropy，ME）来估算双边风险敞口额度，然后在此基础上对银行系统风险传染进行实证研究。本书借鉴 Christoph 和 Angelika（2013）、Castren 和 Rancan（2014）、Nikos 等（2015）的做法，采用最大熵原理来估计缺失数据。

我国银行业高度集中，以 2016 年为例，虽然 129 家样本银行仅占我国银行业机构总数的 2.93%，但这些银行占我国银行业机构总资产的比重高达 80.8%。其他年份的相关数据具有类似特征，具体可见附录一。由于银行业高度集中，其银行间市场网络结构与 Upper 和 Worms（2004）对德国银行间市场信用网络提出的双层结构相似。大型商业银行、股份制银行和资产规模较大的城市商业银行和农村商业银行等组成了同业交易活跃、联系紧密的核心区域，而其他金融机构围绕核心区域组成了交易活跃度次之的外围区域，处于这个核心区域的银行之间的市场结构近似规则网络中的全局耦合网络，符合最大熵原

① 关于网络的详细描述，可以查阅 Gai et al.（2011）、Nikos et al.（2015）以及谭春枝（2018）。

理使用的前提假设[①]，因此，利用最大化熵原理来估计由 129 个样本银行组成的网络结构中的双边同业拆借额度是比较合理的。[②] 关于最大熵原理，Nikos 等（2015）有详细描述。

第二节　我国银行流动性风险传染的机理分析

一、程式化资产负债表

本书通过银行资产负债表及未担保同业业务形成的银行间市场网络来模拟外生性冲击所导致的流动性风险的传染。根据我国银行业的实际情况，本书构建了程式化资产负债表，如表 5－1 所示。

表 5－1　程式化资产负债表

资产	负债和权益
现金储备（*CA*）	客户存款（*CL*）
有价证券（*SA*）	回购负债（*RL*）
逆回购资产（*RRA*）	未担保同业负债（*IBL*）
未担保同业资产（*IBA*）	其他负债
其他资产	权益

① 该前提假设是网络中的每家银行都尽可能均匀地将其敞口分散到网络中的所有其他银行。

② 2015 年 12 月，129 家银行的同业无担保资产、负债之和约占银行体系总额的 74.2%，2016 年该比值达到 70.7%。因此，可以说 129 家样本银行构成了这一核心区。

每一个银行的资产方由现金储备、有价证券、逆回购资产、未担保同业资产以及其他资产组成。其中，现金储备包括持有现金和在中央银行的存款；有价证券包括可交易证券、可供出售证券以及持有至到期证券三类；未担保同业资产即存放银行同业和拆放银行同业之和。必要时银行可出售可交易证券和可供出售证券来获取资金，也可质押持有至到期证券来融资。然而，由于市场非流动性、信息不对称以及其他因素，通过出售或质押有价证券以获取的资金额度会小于其价值。因此，本书假设资产折价率为 $HR \in (0, 1)$[①]。逆回购交易是在可担保资产基础上进行的，根据我国银行的实际[②]，假设在逆回购交易中，可担保资产的折价率为 *HR*。如表 5－1 所示，每个银行的负债和权益可以分成客户存款、回购负债、未担保银行间负债、其他负债及权益。其中，回购负债意味着抵押借款，未担保银行间负债即银行同业存放和银行同业拆入之和。

二、流动性风险传染的机理

假定银行因外生性原因出现流动性短缺，该银行（也称触发银行）将会通过撤回或拒绝展期其借给债务银行的未担保同业资产（也即囤积流动性）来避免在必要的支付上发生违约。如果银行因其债权银行囤积流动性而遭受流动性短缺，那么该银行也会通过召回其借给债务银行的未担保同业资产来获取流动性，召回的比例设为：我国银行业未担保同业贷款包括隔夜贷款、七天贷款、十四天贷款、一个月贷款和三个月贷款。81.5%的未担保同业贷款为隔夜贷款，其次是七天贷款，达到 12.4%（吴念鲁等，2017）。因此，参照 An-

① 折价率对所有银行都一样。

② 中国银行间市场的逆回购交易可分为买断式和质押式。通过买断式逆回购获取的资产可以再次抵押或质押出去以获取资金，各银行买断式逆回购交易在其逆回购总量中的占比各不相同，参照 Gai 等（2011）的做法，本书假设逆回购获取的资产都可以再次抵押或质押出去以获取资金，这在一定程度上降低了流动性风险的传染。

dreas 和 Simone（2012），本书假定所有未担保同业资产能在短期内被无成本地召回。与 Gai 等（2011）类似，还假定银行通过均匀地从其交易对手召回未担保同业资产来获取所需资金①。但与 Gai 等（2011）假设 WR = 1 不同的是，本书假定未担保同业资产的撤回比例 WR 在 0 到 1 之间变化，即 $WR \in (0, 1)$。由于主要关注因外生冲击而引起的流动性风险传染，因此当银行处于流动性危机时，本书不考虑新的资金流入或流出，也不考虑新增未担保同业资金的流入，还假定政府或监管部门不会救助这些处于流动性困境的银行，中央银行总是按市场条款来进行流动性操作。

在以上相关假定的基础上，我们来探讨银行在经营期间缺乏流动性的条件。银行 j 若可获得的流动性小于其需要的流动性，那么该银行将出现流动性短缺。银行 j 可获得的流动性包括三方面：现金储备 CA_j；以折价率出售或质押有价证券 SA_j 可获取的资金 $(1-HR)SA_j$；将逆回购交易获得的资产重新质押或抵押出去融入的资金 RRA_j②。银行 j 所需要的流动性包括回购负债 RL_j 以及因其债权银行 i③ 囤积流动性而需归还的未担保同业负债 $WR \cdot W_{ij}$④。因此银行 j 流动性短缺的条件如下：

$$CA_j + (1-HR)SA_j + RRA_j - RL_j - WR \cdot W_{ij} < 0 \quad (5-1)$$

如果因银行 i 的流动性囤积行为而导致银行 j 流动性短缺，那么银行 j 也

① 这种假设有其合理性，因为较短时间内从每个交易对手那里获得较小数量的无担保资产是有可能的（Gai et al.，2011）。

② RRA_j 代表银行 j 的逆回购资产，即抵押或质押贷款。用以获得逆回购资产的可担保资产的价值为 $RRA_j/(1-HR)$，那么将在逆回购交易中获得的可担保资产再次抵押或质押出去能获得的资金为 $(1-HR)RRA_j/(1-HR)$，也即 RRA_j。

③ 债权银行 i 可能是触发银行或其他的债权银行。

④ W_{ij} 表示银行 i 在银行 j 的未担保同业资产。$\sum_i W_{ij} = IBL_j$（即银行 j 的未担保同业负债）；$\sum_j W_{ij} = IBA_i$（即银行 i 的未担保同业资产）。

会为了避免在必须的支付上发生违约而进行流动性囤积。[①] 银行 j 囤积流动性可能会引发与其有同业借贷的银行出现流动性短缺。该过程会一直持续到没有新的银行出现流动性短缺为止。

式（5－1）描述了因银行 i 出现囤积行为而导致银行 j 出现流动性短缺的条件[②]。如果同时有几家银行出现流动性囤积，而且这些银行都给银行 j 提供了未担保同业资金，那么银行 j 出现流动性短缺的条件则为式（5－2）。因此，囤积行为会在系统中传染，造成更多的银行出现流动性短缺，直至没有新的银行出现流动性困境为止。

$$CA_j + (1 - HR)SA_j + RRA_j - RL_j - WR \cdot \sum_i W_{ij} < 0 \tag{5-2}$$

三、流动性风险传染机理的举例分析

流动性囤积可能会蔓延到整个银行系统，导致更多银行遭遇流动性短缺。图 5－2 为银行间网络示意图。我们假设有五家银行通过银行间借贷联系在一起。例如，银行 1 向银行 2、银行 3 和银行 4 提供无担保同业贷款；同时，银行 3 向银行 2、银行 4、银行 5 提供无担保同业贷款。W_{21} 为银行 2 借给银行 1 的无担保同业资产（或者是银行 1 向银行 2 借入的无担保同业负债）；W_{12} 为银行 1 借给银行 2 的无担保同业资产（或者代表银行 2 向银行 1 借入的无担保同业负债）。其他符号类似的含义。

---

① 为了筹集资金满足所需的支付，银行 j 可以采取一些措施，如以折价的方式出售固定资产、提高利率以获取新的同业贷款等。但是，在 2008 年的国际金融危机中，流动性囤积行为广泛存在，而银行为获取流动性以折价方式出售资产或以提高利率方式获取同业资金的情况很少见（Gai et al.，2011）。吴念鲁等（2017）的研究也认为我国银行间市场存在流动性囤积行为。Gai 等（2011）指出银行更愿意囤积流动性而不是以折价的方式出售固定资产或提高利率以新增同业贷款，主要是因为银行通常认为这些获取流动性的方式直接成本较高，而且具有负面效应，所以将其视为缺乏吸引力和最后不得已才采取的措施。

② 如果银行 i 有多个关联银行，那么除 j 以外的其他关联银行只要满足式（5－1）就会出现流动性不足，从而也会进行流动性囤积。

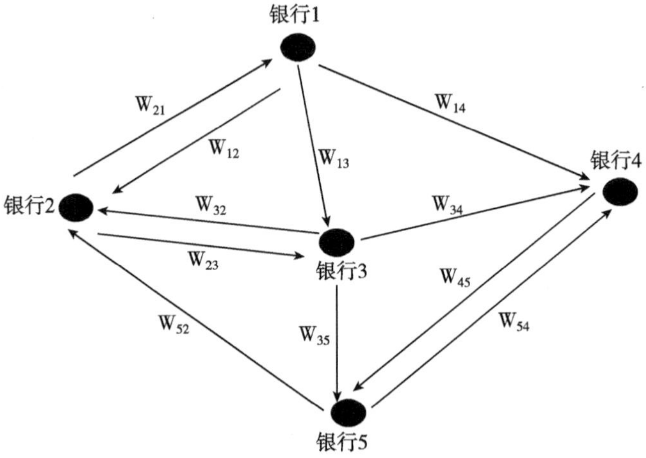

图 5－2 银行间网络示意图

图 5－3 为流动性风险的传染情况。银行 1 在异质性冲击下出现流动性短缺，然后从银行 2、银行 3 和银行 4 收回（或拒绝展期）其提供的无担保同业贷款。银行 2 和银行 4 有足够的流动性来满足其债权银行 1 对同业贷款的收回要求，但是其流动性水平会下降。银行 3 因无法满足银行 1 对同业贷款的提取而陷入流动性不足的困境，随后它也将会囤积流动性。至此，第一轮危机的传染已经结束，银行 3 出现了流动性短缺。银行 3 出现短缺后也开始囤积流动性，从而导致银行 5 的流动性降低；银行 2 依然有足够的流动性来满足银行 3 同业债权的提取要求。然而，由于银行 1 和银行 3 同业债权提取的累积效应，银行 4 出现流动性短缺。因此，随着银行 4 陷入困境，第二轮危机传染已经结束。银行 4 因流动性短缺而进行流动性囤积，导致银行 5 出现流动性短缺，第三轮危机传染就此结束。最后，由于银行 1、银行 3 和银行 5 的流动性囤积，银行 4 的流动性短缺加剧了；尽管银行 1、银行 3 和银行 5 都对银行 2 提出了同业债权的召回要求，但银行 2 仍具有流动性。此时，流动性风险的传染因没有新的银行陷入困境而停止。

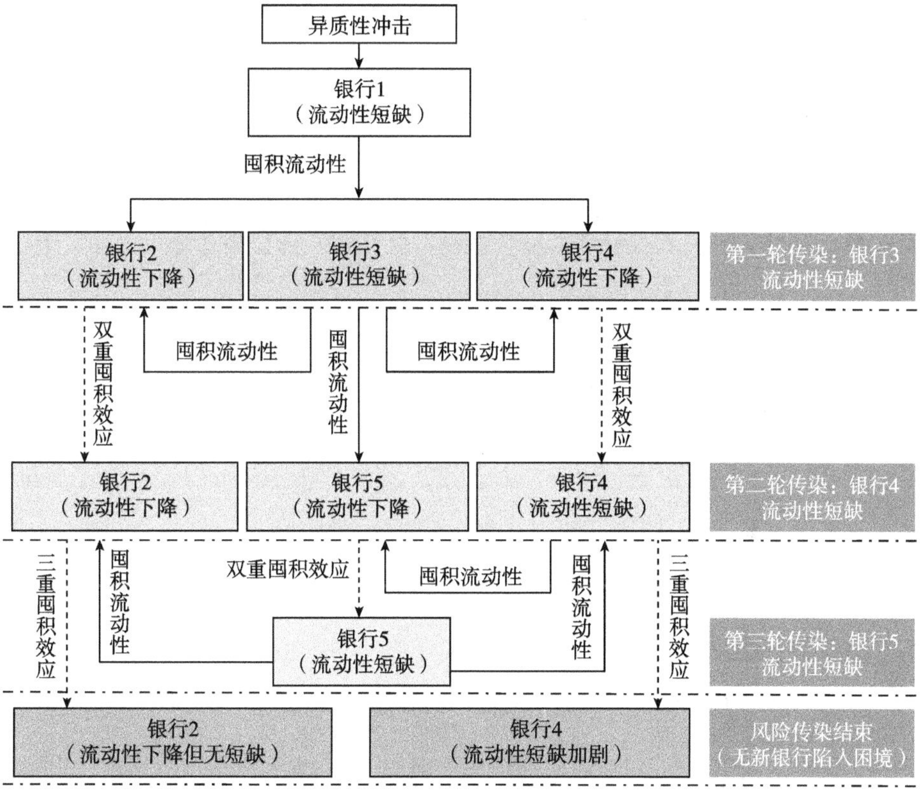

图 5-3 流动性风险传染示意图

第三节 我国商业银行流动性风险传染的模拟及其结果

一、数据来源及模拟说明

为了研究我国银行间市场流动性风险传染的情况，本书假定 2010～2016

年 129 家样本银行中的每一家银行都分别因外生性原因而出现流动性短缺，进而开始囤积流动性，以此通过银行间未担保同业资产渠道来触发银行网络中的其他银行，并分别从流动性囤积和流动性短缺两个层面来统计相关传染的结果。流动性囤积层面，统计了流动性风险传染的概率、在流动性风险传染的破坏程度、流动性风险传染中的系统重要银行以及流动性风险传染的范围；在流动性短缺层面，统计了因风险传染而导致的流动性短缺银行数量、流动性短缺额度以及流动性风险传染轮数。因此，该模拟需有以下几方面的数据：

首先，129 家银行相互之间的未担保同业资产。由于银行不会对外公布与其发生同业业务的银行及其交易金额，因此，参照 Christoph 和 Angelika（2013），Castrén 和 Rancan（2014）和 Nikos 等（2015）的做法，利用来自银行年报和 BvD 银行数据库的银行未担保资产（即 *IBA*）和未担保负债（即 *IBL*），再结合最大化熵原理来估计银行同业之间的未担保交易头寸（即 W_{ij}）。

其次，需要 129 家银行的现金储备（*CA*）、有价证券（*SA*），逆回购资产（*RRA*）以及回购负债（*RL*），这些数据从银行年报和 BvD 银行数据库中获取。

最后，有价证券的折价率 *HR*（$HR \in (0, 1)$）以及债权银行撤回未担保同业资产的比例（即 $WR \in (0, 1]$），它们都从均匀分布中随机抽取。

如果触发银行囤积流动性导致其债务银行出现流动性短缺，那么该债务银行也会囤积流动性，因此该触发银行引起流动性风险的传染就进行到了下一轮。这个传染过程会一直持续到没有新的银行出现流动性短缺为止。假设触发银行 i 在 t 年发生外生性的流动性短缺，则会撤回其借给银行 j 的未担保同业资产 $W_{i,j}$，撤回比例 *WR* 随机抽取，银行 j 为了获取流动性以满足银行 i 的撤回要求及其他流动性需求，在现金储备不够的情况下，需出售或质押有价证券来获取资金，有价证券的折价率 *HR* 也是随机抽取。对于每一个触发银行，通过随机抽取 *WR* 和 *HR* 来模拟 1000 次该银行触发所引起的流动性风险传染状况。因有 129 家样本银行，因此在每一年都可以获得 129000 个风险传染的结果。

二、基于流动性囤积额度的模拟结果

本书用外生性和异质性冲击来测度银行间市场流动性风险的传染。借鉴 Gai 等（2011）和 Nikos 等（2015）的研究，将触发银行给银行系统带来的流动性囤积额度的期望值作为测度流动性风险传染的主要指标。因为银行系统的总资产 2010～2016 年各不相同，为了更好地阐述样本期间风险传染的动态演化，使用流动性囤积额度的相对量而不是绝对量来度量流动性风险传染的破坏程度，并识别哪些触发银行在流动性风险传染中起到至关重要的作用。流动性囤积的相对量即在 t 年某一触发银行引致的整个系统的流动性囤积总额与银行系统中除该触发银行以外的其他银行总资产之和的比值。此外，本书也使用某一触发银行导致的进行流动性囤积的银行数量来衡量流动性风险传染的范围。在接下来的内容中，首先研究流动性风险在每一年的传染概率，然后分析其破坏程度和传染范围。

（一）流动性风险传染概率

假设某银行（即触发银行）在第 t 年遭受外生冲击而出现流动性短缺，给样本中除触发银行以外的其他银行的有价证券分配一家随机抽取的资产折价率 HR，并给每一家银行同业风险敞口分配一个随机抽取的召回比例 WR。如前所述，将一次流动性风险传染定义为：至少有一家银行因触发银行处于外生性流动性短缺而被迫囤积流动性。对每个触发银行重复模拟 1000 次，每次随机抽取一个新的 HR 和 WR，计算每个触发银行引起的流动性风险传染的概率，即流动性风险传染发生的次数除以 1000。研究发现，除 2014 年外，其他年份流动性风险传染的概率都很高。具体而言，2014 年造成流动性风险传染概率最高的银行是国开行（CDB），达到 71.6%；在 2013 年、2015 年和 2016 年，所有的样本银行分别因外生流动性短缺会造成 100% 的流动性风险传染；在其他的年份，129 家样本银行分别触发将会造成 100% 的流动性风险传染，只有一家银行例外。

（二）流动性风险传染的破坏程度

本书使用流动性囤积的相对额度来分析流动性风险传染的破坏程度，计算由触发银行引起的整个银行系统的流动性囤积额与系统总资产（不包括触发银行）之比。我们对每一年每个触发银行重复 1000 次模拟，每次随机抽取一个新的 *HR* 和 *WR*，并计算每个触发银行模拟 1000 次所带来的流动性囤积比率的平均值。表 5 - 2 显示了样本期间前十大触发银行引致的流动性囤积额度的平均比率。

表 5 - 2　2010 ~ 2016 年各触发银行引致的流动性囤积额度的平均比率

2010 年		2011 年		2012 年		2013 年		2014 年		2015 年		2016 年	
触发银行	比率（%）	触发银行	比率（%）	触发银行	比率（%）	触发银行	比率（%）	触发银行	比率（%）	触发银行	比率（%）	触发银行	比率（%）
BOC	0. 0405	BOC	0. 0903	BOC	0. 0959	CDB	0. 0183	CDB	0. 0499	ABC	0. 0281	ABC	0. 0676
ICBC	0. 0039	ICBC	0. 0729	CCB	0. 0900	BOC	0. 0096	CCB	0. 0311	CCB	0. 0260	CDB	0. 0646
CCB	0. 0028	CCB	0. 0721	ICBC	0. 0844	ABC	0. 0096	BOCO	0. 0292	BOC	0. 0258	CCB	0. 0643
ABC	0. 0027	CITIC	0. 0705	ABC	0. 0763	ICBC	0. 0088	ICBC	0. 0118	CDB	0. 0251	BOC	0. 0625
CDB	0. 0026	SPDB	0. 0662	CDB	0. 0740	CCB	0. 0087	EIB	0. 0106	ICBC	0. 0250	ICBC	0. 0624
BOCO	0. 0025	ABC	0. 0650	IBC	0. 0716	EIB	0. 0081	BOC	0. 0102	EIB	0. 0228	BOCO	0. 0556
CMB	0. 0025	CDB	0. 0641	SPDB	0. 0712	BOCO	0. 0078	CMBC	0. 0095	BOCO	0. 0227	ADBC	0. 0557
SPDB	0. 0025	IBC	0. 0622	CITIC	0. 0696	CMBC	0. 0076	ADBC	0. 0092	BOB	0. 0224	EIB	0. 0555
CITIC	0. 0024	CMBC	0. 0604	CMBC	0. 0689	SPDB	0. 0074	IBC	0. 0092	CMBC	0. 0222	CMBC	0. 0544
IBC	0. 0024	BOCO	0. 0599	CMB	0. 0682	IBC	0. 0074	CMB	0. 0091	ADBC	0. 0221	CEB	0. 0544

注：银行代码的含义见附录二。

由表 5 - 2 可以看出，平均比率似乎很小，这主要有两个原因：第一，系统总资产额度相对较大；第二，每个触发银行导致的整个银行系统的流动性囤积额度是除触发银行外的所有样本银行无担保同业资产的一部分，而每一年这些银行无担保同业资产总和与其总资产之和的占比又相对较小，只有2.81%到5.73%不等。表5-2显示，各触发银行因外生性短缺而囤积流动性所带来的破坏程度不同，也存在年份差异。例如，在2010年、2011年和2012年，中国银行（BOC）触发所带来的其他银行进行流动性囤积的效应最大，但其破坏程度各不相同，分别为0.0405%、0.0903%和0.0959%；2012年，农业银行（ABC）触发所引致的流动性囤积额度的平均比率为0.0763%，在所有触发银行中排名第四，2015年该行所引致的流动性囤积额度的平均比率为0.0281%，却排名第一。触发银行导致的流动性囤积额度的平均比率因不同的银行和年份而不同，这种差异可能是由于每家触发银行的年度资产负债表以及由129家触发银行组成的银行系统的年度风险承受能力各不相同造成的。

此外，我们还计算了每一年进行129000次传染模拟时银行系统出现的流动性囤积额度占比的总体均值。图5-4显示了触发银行所引致的流动性囤积额度占比均值随时间的变化而变化的情况。在样本期内，中国的银行体系容易受到流动性冲击的影响，银行内部的系统性流动性风险正在加剧。其中，2010年的均值最低，为0.0027%；2012年的均值最高，超过0.0608%。其余年份的情况是：流动性囤积额度占比均值在2013年下降到0.0072%，在2016年又上升到0.0512%。由此可见，按照流动性囤积额度占比均值来测算，在样本期内：2010年体系最稳定，触发银行触发所带来的破坏程度相对其他年份最小；2012年体系最不稳定，破坏程度最突出；2013年系统不稳定性再次下降；自2014年以来，由于破坏程度加大，系统的不稳定性持续增强。

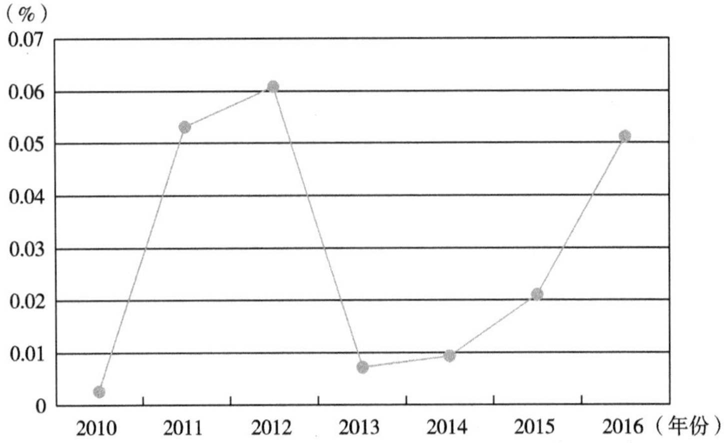

图5-4 2010~2016年129家触发银行引致的流动性囤积额度占比均值

对上述数据进行分析，以显示破坏程度的分布特性。图5-5为每一年129家触发银行引致的流动性囤积额度占比的累积分布函数（CDF）。图中累积分布函数得到的结果与上述总体平均比率的结果相似。例如，2010年流动性囤积额度占比小于等于0.18%的概率几乎为100%，而2011年为88.33%、2012年为86.67%、2013年为99.98%、2014年为99.81%、2015年为99.94%、2016年为90.34%。2010年，观察到超过0.18%的流动性囤积额度占比的可能性几乎为零，这意味着与其他年份相比，2010年的系统是最稳定的。此外，2013年在系统稳定性方面排名第二，流动性囤积额度超过0.18%的概率是0.19%。与其他年份相比，2012年的银行体系很不稳定，流动性囤积额度超过0.18%的概率为13.33%。

（三）流动性风险传染中的系统重要性银行

为了考察在流动性风险传染中起重要作用的触发银行（即系统重要性银行），假设系统中的任何一家银行都可能由于外部冲击而出现流动性短缺，并计算由该银行触发所导致的流动性囤积的相对数量。表5-2显示了因传染而

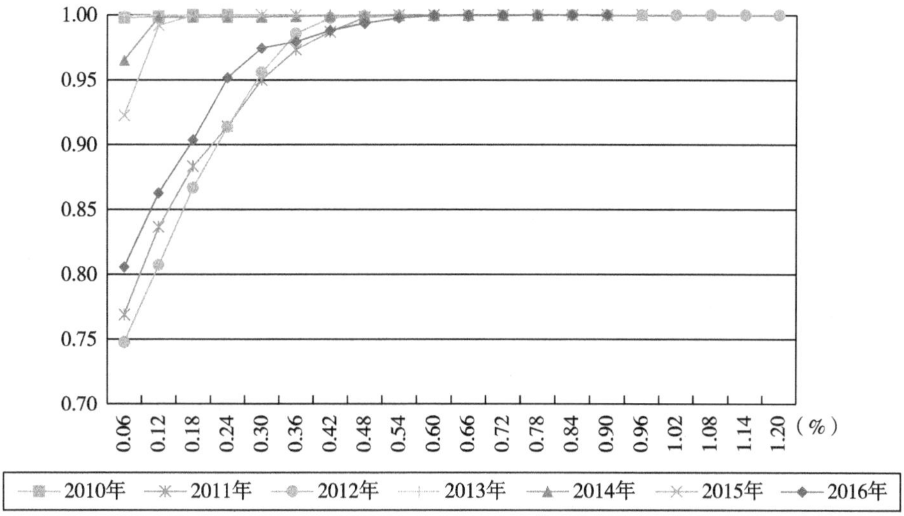

图 5－5　2010～2016 年流动性囤积额度占比的累积分布函数

带来的流动性囤积平均比率排前 10 名的触发银行。2010～2016 年，国开行（CDB）和国有控股商业银行跻身前十大触发银行之列。在流动性囤积相对量方面，2010～2012 年中国银行（BOC）排名第一，2013～2014 年国开行（CDB）排名第一，2015～2016 年农业银行（ABC）排名第一。这些表明，国开行和国有控股商业银行在流动性风险传染中发挥着最重要的作用。与此同时，一些股份制银行对流动性风险的传染也具有显著的影响。民生银行（CMBC）、兴业银行（IBC）和浦发银行（SPDB）在此期间分别有 6 次、5 次和 4 次进入前 10 名。进出口银行（EIB）和农业发展银行（ADBC）两家政策性银行如果出现流动性短缺也可能导致流动性风险的传染。例如，从 2014 年开始，这两家政策性银行作为触发银行所引致的流动性囤积额占比就进入了前 10 名。此外，一些城市商业银行也可能在危机蔓延中发挥重要作用。例如，2015 年，北京银行（BOB）作为触发性银行，其所导致的流动性囤积比率出人意料地排在第 8 位。触发银行带来的流动性囤积比率的排名与其总资产的排名不一致，表明资产规模以外的因素可能是导致流动性危机传染的主要因素。

（四）流动性风险传染的范围

为了考察流动性风险传染的范围，计算了各触发银行在银行系统中造成的囤积流动性的银行数量，并在此基础上计算了每一年 129000 次模拟中囤积流动性的银行总数的平均值，具体如图 5-6 所示。与流动性囤积平均比率的变化类似，2010 年囤积流动性的银行数量最低，不到 3 家，其次是 2013 年，不到 5 家。自 2014 年开始，囤积流动性的银行平均数量持续增加，2016 年超过 17 家。这些数据表明样本期内，2010 年流动性风险的传染范围最小，2016 年流动性风险的传播最广泛。

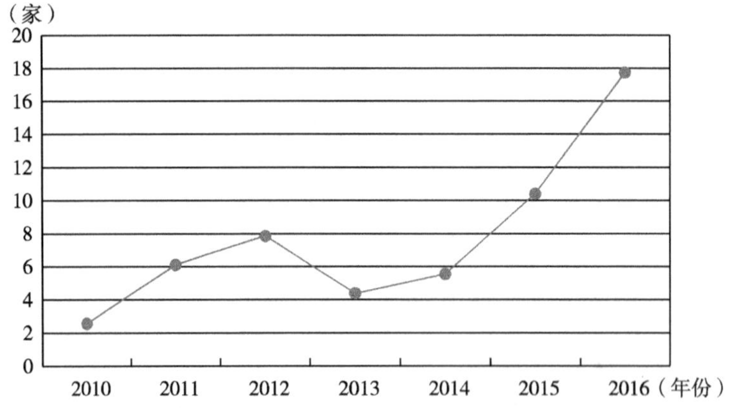

图 5-6　2010～2016 年 129 家触发银行导致的囤积流动性的银行数均值

图 5-7 显示了囤积流动性的银行数量的累积分布函数（CDF）。结果明确显示，2010 年流动性风险传染的范围最小，2013 年次之，2016 年传染范围最大。例如，从 2010 年的 CDF 中发现，数量不超过 3 家银行囤积流动性的概率约为 70.4%，不超过 5 家银行囤积流动性的概率接近 99.96%；而在 2013 年的 CDF 中，数量不超过 3 家银行囤积流动性的概率约为 59.82%，不超过 5 家

银行囤积流动性的概率接近68.08%；然而，在2016年，因触发银行导致的数量不超过3家银行囤积流动性概率在12%左右，不超过5家银行囤积流动性的概率接近30%，不超过62家银行囤积流动性的概率接近99%。

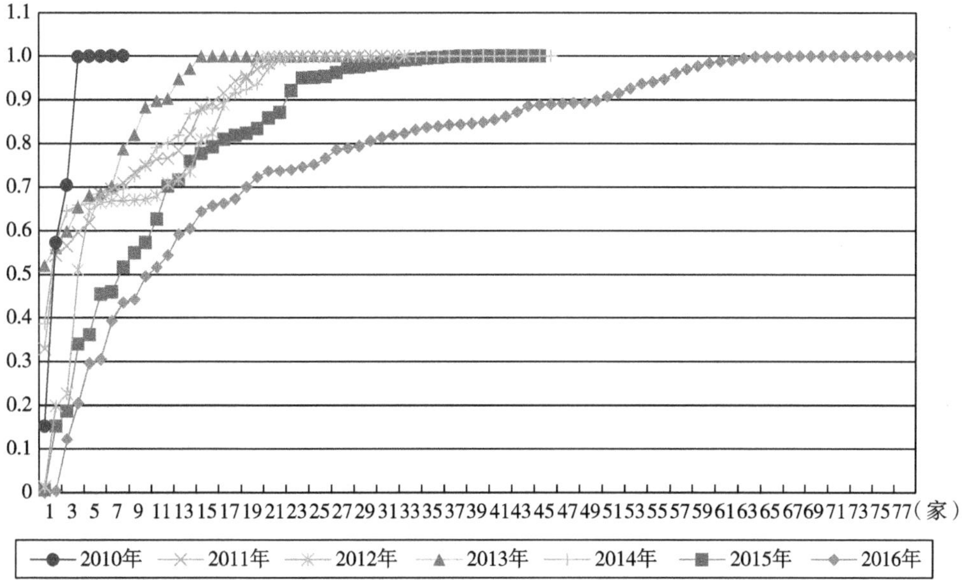

图5－7　2010～2016年囤积流动性的银行数量的累积分布函数

三、基于流动性短缺数据的模拟结果

下面分别从流动性短缺银行数、流动性短缺额度以及流动性风险传染轮数三个角度来分析我国银行间市场流动性风险传染状况。

（一）流动性短缺银行数

流动性短缺银行数是指触发银行因外生性原因出现流动性短缺进而囤积流动性所引发的整个系统出现流动性短缺的银行数。假定系统中每一家银行由于外生性原因而出现流动性短缺，在随机抽取1000次资产折价率和同业资产撤回比例的情况下，计算由该银行引发的整个系统出现流动性短缺的银行数量平均值，其中排名前十位的如表 5－3 所示。从表中可以看出，2010～2016 年，国有控股银行作为系统流动性危机触发银行，其每年导致流动性短缺银行数平均值都排在前十名；其次，民生银行作为触发银行所导致的流动性短缺银行数有 6 年排在前十名，之后是浦发银行和光大银行，都有 3 年排在前十位。此外，一些城商行如北京银行和宁波银行若出现流动性危机，也会导致系统中较多的银行出现流动性短缺。同时，还计算每年所有银行分别触发所导致的系统流动性短缺银行数的平均值，如图 5－8 所示。2010 年，流动性风险传染所引起流动性短缺银行数最少，平均只有 2.55 家；其次是 2013 年，平均只有 4.28 家；从 2014 年开始，因传染而出现流动性短缺的银行数逐年增加；到 2016 年接近 18 家。

表 5－3　触发银行流动性短缺导致的流动性短缺银行数平均值　单位：家

2010 年		2011 年		2012 年		2013 年		2014 年		2015 年		2016 年	
触发银行	短缺银行数	触发银行	短缺银行数	触发银行	短缺银行数	触发银行	短缺银行数	触发银行	短缺银行数	触发银行	短缺银行数	触发银行	短缺银行数
BOC	2.97	BOC	7.59	BOC	8.42	CDB	5.00	CDB	6.76	ABC	11.96	ABC	19.55
ICBC	2.57	CITIC	7.21	CCB	8.19	BOC	4.65	BOC	6.03	BOC	11.75	CDB	19.44
BON	2.57	SPDB	7.05	ICBC	7.91	ABC	4.64	ABC	5.99	CDB	11.67	CCB	19.08
CDB	2.57	CCB	6.98	IBC	7.82	EIB	4.56	EIB	5.59	CCB	11.68	BOC	19.07
EIB	2.57	ICBC	6.94	SPDB	7.81	CCB	4.47	CCB	5.48	EIB	11.43	EIB	18.61
CCB	2.57	IBC	6.93	CDB	7.80	BOCO	4.43	BOCO	5.41	BOB	11.37	ICBC	18.57
BOCO	2.57	CDB	6.90	CITIC	7.76	ICBC	4.43	ICBC	5.41	BOCO	11.28	EIB	18.49
SPDB	2.566	CMBC	6.84	ABC	7.72	CMBC	4.39	CMBC	5.36	ICBC	11.24	BOCO	18.39
CMBC	2.57	EIB	6.76	CMB	7.72	CEB	4.39	CEB	5.34	CMBC	11.23	PAB	18.37
CITIC	2.57	CEB	6.76	CMBC	7.69	EIB	4.36	EIB	5.33	PAB	11.21	CEB	18.37

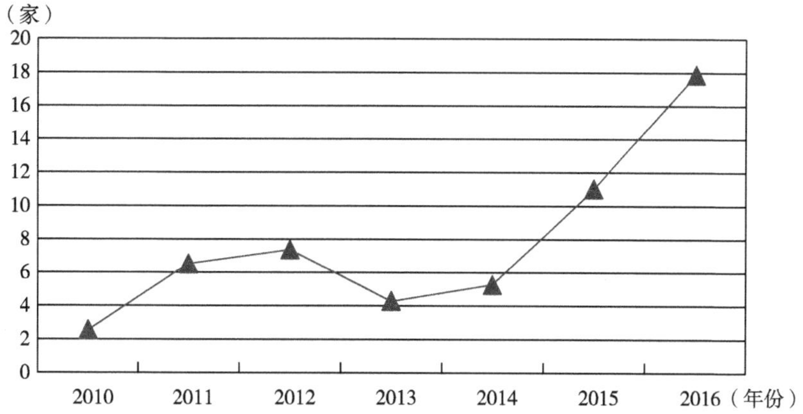

图 5-8　2010~2016 年流动性风险传染导致的流动性短缺银行平均值

（二）流动性短缺额度

从流动性风险传染导致的流动性短缺额度来分析流动性风险传染的情况。因银行系统每年的总资产都不一样，为了更好地描述样本区间流动性风险的动态演化，使用流动性短缺的相对额度，如图 5-9 所示。从中可以看出 2010 年发生系统流动性风险传染所导致的流动性短缺额度占系统总资产之比最小，只有 0.0064%；2013 年次之，为 0.0128%；从 2014 年开始，风险传染所导致的流动性短缺相对额度开始上升；到 2016 年，该额度达到了 0.1017%。

（三）流动性风险传染轮数

从流动性风险传染轮数来看（见图 5-10），2010 年系统发生流动性风险传染的平均轮数为 1，2013 年发生风险传染的平均轮数为 1.0221；从 2014 年开始，风险传染轮数开始上升；到 2016 年，平均传染轮数达到 1.2805。

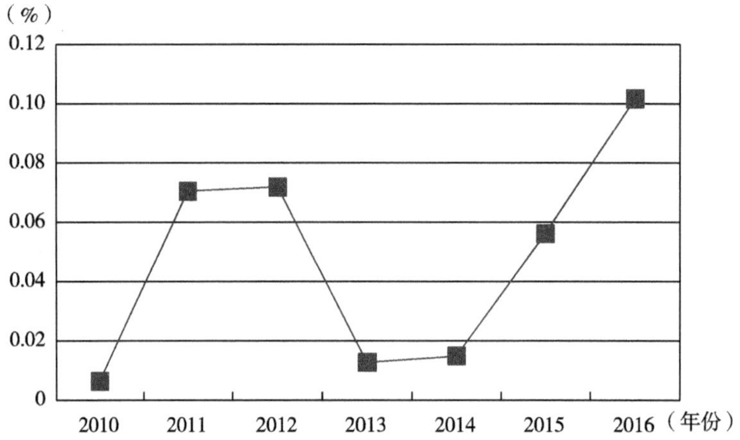

图 5-9　2010~2016 年流动性风险传染导致的流动性短缺平均额度

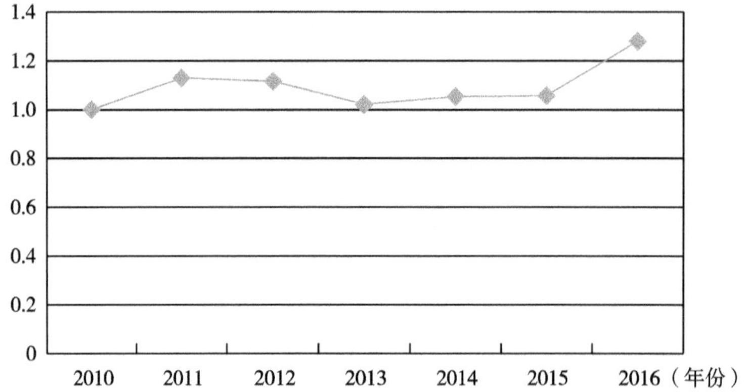

图 5-10　2010~2016 年流动性风险传染轮数平均值

第四节　本章小结

本章首先基于银行间资产负债表中债权债务的相互关联，建立了由 129 家银行组成的我国银行间市场网络，具体包括中国国家开发银行（国开行）、2

家政策银行/非商业性银行、5家国有商业银行、12家股份制商业银行、81家城市商业银行和28家农村商业银行和农村合作银行。由于银行通常只公开其无担保同业债务（即该银行从其交易对手借入的资金）和无担保同业资产（即该银行借给其交易对手的资金），而不公布具体的交易对手以及两家银行之间的具体交易金额，因此借鉴相关文献的做法，采用最大熵原理来估计缺失数据，以此来估计和构建我国银行间市场网络结构。

其次，基于我国银行资产负债表的实际设立了程式化资产负债表，结合已构建的银行间市场网络结构来分析我国银行流动性风险传染的机理，并利用基于银行间借贷联系在一起的五家银行所构成的简单网络进行举例说明。

最后，假定2010~2016年129家样本银行中的每一家银行都分别因外生性原因而出现流动性短缺，进而开始囤积流动性，以此通过银行间未担保同业资产渠道来触发银行网络中的其他银行，并分别从流动性囤积和流动性短缺两个层面来统计相关传染的结果，系统地进行相关分析。从流动性囤积和流动性短缺两个层面进行模拟和统计分析的结果都表明：面对流动性冲击，我国银行系统是脆弱的；在样本期内，2010年流动性风险传染效应最小，银行系统相对最稳定，2013年次之，从2014年开始，流动性风险传染效应开始加大，我国银行系统的不稳定性在逐步提升；在流动性风险传染中，除国有控股银行出现流动性危机会带来较大的传染效应外，民生银行、浦发银行和光大银行等股份制银行以及北京银行、宁波银行等城商行若出现流动性危机也会引发较大的流动性风险。

第六章　我国商业银行流动性风险传染影响因素的计量分析

第五章基于 129 家商业银行资产负债表的相关数据，结合最大化熵原理，建立了我国银行间市场网络结构，并在该网络的基础上模拟了样本期间（2010 ~ 2016 年）129 家样本银行中的每一家银行都分别因外生性原因而出现流动性短缺，进而开始囤积流动性，以此通过银行间未担保同业资产渠道来触发银行网络中的其他银行，然后分别从流动性囤积和流动性短缺两个层面来统计相关传染的结果。本章则利用第五章模拟传染的结果及两个层面的相关统计数据，分别对我国商业银行流动性风险传染的影响因素从两个层面进行计量分析，并对相关因素的影响进行敏感性和异质性研究，以深入探究影响因素对我国商业银行流动性风险传染影响效应的大小及其相关的影响机理。

第一节　计量分析所需数据及来源

对商业银行流动性风险传染影响因素进行计量分析，首先需要商业银行流动性风险传染的相关数据。对于每一个触发银行，第五章通过随机抽取 *WR* 和 *HR* 来模拟 1000 次该银行触发所引起的流动性风险传染状况。由于有 129 家样本银行，因此每一年都可以获得 129000 个风险传染的相关数据，这些数据为本章的计量分析奠定了坚实的数据基础。其次需要 129 家银行相互之间的未担保同业资产。由于银行不会对外公布与其发生同业业务的银行及其交易金额，因此，参照 Christoph 和 Angelika（2013）、Castrén 和 Rancan（2014）与 Nikos 等（2015）的做法，利用来自银行年报和 BvD 银行数据库的银行未担保资产（*IBA*）和未担保负债（*IBL*），结合最大化熵原理来估计银行同业之间的未担保交易头寸（W_{ij}）。第三是需要 129 家银行的现金储备（*CA*）、有价证券（*SA*），逆回购资产（*RRA*）以及回购负债（*RL*）的数据，从银行年报和 BvD 银行数据库中获取。第四是需要有价证券的折价率 *HR*（$HR\in(0,1)$）以及债权银行撤回未担保同业资产的比例（即 $WR\in(0,1]$），从均匀分布中随机抽取。最后是需要各样本银行的总资产，来源于 BvD 银行数据库。

第二节 基于流动性囤积数据的传染影响因素计量分析

本节利用第五章基于流动性囤积视角进行模拟传染的结果及相关统计数据，对影响我国商业银行流动性风险传染的因素进行计量检验，并对其影响大小进行敏感性分析，以挖掘这些因素对我国商业银行流动性风险传染影响效应的大小。

一、计量检验设计

使用触发银行给银行系统带来的流动性相对囤积量来衡量银行流动性风险传染状况，变量代码设为 *HLR*。该指标反映了我国银行间市场的脆弱性。我们尝试使用相对容易获得的指标来估计银行流动性风险传染状况。根据第五章构建的流动性风险传染模型，银行拥有的现金储备和有价证券越多，就越能获得流动性，出现流动性短缺的可能性就越小。相反，银行拥有的回购资产越多，其所需要支付的流动性就越多，银行陷入流动性短缺的可能性就越大。从银行系统的角度来看，系统的现金准备金率或有价证券占比越高，意味着银行拥有更多的流动资产。那么，由触发银行引起的流动性短缺的银行数量应该减少，同时流动性囤积的数量也应该减少。相反，整个银行系统的回购负债比率越高，银行需要满足的流动性需求就越大。那么，就应该会有更多的银行出现流动性短缺，从而引发更多的银行囤积流动性。从第五章的传染模型可以推断出，资产折价率 *HR* 越高，银行通过出售有价证券获取的流动性越少；债权银行要提取的未担保同业资产比例 *WR* 越高，银行需要满足的未担保同业负债就越多。因此，应该有更多的银行因触发银行的触发而处于流动性短缺状态，而且流动性囤积量也会上升。此外，拥有大量无担保同业资产的触发银行很可能与更多的银行紧密相连，两家银行之间的同业持有量也可能很大，因此，当该触发银行处于外生性流动性短缺时，它将会触发更多债务人银行囤积流动性。

基于上述理论分析，以及 Gai 等（2011）、Andreas 和 Simone（2012）、Christoph 和 Angelika（2013）的研究我们检验了六种影响我国商业银行流动性风险传染的因素：银行系统的现金储备率、银行系统的有价证券占比、银行系统的回购债务比率、触发银行的无担保银行同业资产占比、资产折价率及囤积银行召回的无担保同业资产比例。线性回归模型如下：

$$HLR_{i,t} = \alpha_0 + \alpha_1 TCR_{i,t} + \alpha_2 TSA_{i,t} + \alpha_3 TRL_{i,t} + \alpha_4 IBAR_{i,t} + \alpha_5 HR_{i,t} + \alpha_6 WR_{i,t} + \mu_{i,t} \quad (6-1)$$

式中，$HLR_{i,t}$为 t 时刻 i 银行触发引起的流动性囤积总额度占 128 家银行总资产之比（不包括触发银行）；$TCR_{i,t}$表示 t 时刻除触发银行以外的银行系统现金储备比率，$TCR_{i,t}$等于 t 时刻除触发银行 i 以外的其他 128 家银行现金储备总和与这 128 家银行总资产之比；同理，$TSR_{i,t}$为 t 时刻除触发银行 i 以外的其他 128 家银行有价证券总和与这 128 家银行总资产之比；$TRL_{i,t}$为 t 时刻除触发银行 i 以外的其他 128 家银行回购负债总和与这 128 家银行总资产之比；$IBAR_{i,t}$为触发银行 i 未担保同业资产占其资产之比；HR 为资产折价率，对所有的银行、所有的资产都一样，其取值为从（0，1）均匀分布中随机抽取；WR 为发生流动性囤积时进行囤积的银行要收回其对债务银行同业资产的比重，对所有的银行都一样，其取值为从（0，1］均匀分布中随机抽取。

二、计量检验结果及分析

表 6－1 为多元线性回归模型中所涉及的被解释变量和解释变量的描述性统计。表 6－2 显示了控制银行之后的多元线性回归模型的线性回归结果，从中可以看出，这些影响因素对因传染而导致的流动性囤积在统计上有显著的影响。具体来说，提高整个银行系统的现金准备金率或有价证券占比，会减少流动性囤积；整个系统回购负债率的降低或触发银行无担保同业资产比率的降低，都会降低流动性囤积的相对量；此外，资产折价率或银行间无担保资产的撤回比例下降，也会降低流动性囤积的相对量。这些结果都符合预期。

表 6－1 模型中变量的描述性统计

变量	偏度	峰度	均值	Min	25% quantile	Median	75% quantile	Max
HLR	3.763	19.334	0.000	0.000	0.000	0.000	0.000	0.012
TCR	0.124	1.197	0.025	0.019	0.022	0.023	0.030	0.032

续表

变量	偏度	峰度	均值	Min	25% quantile	Median	75% quantile	Max
TSA	0.331	1.615	0.119	0.092	0.108	0.116	0.136	0.146
TRL	0.190	1.703	0.017	0.015	0.016	0.017	0.019	0.023
IBAR	1.573	6.170	0.069	0.000	0.026	0.053	0.095	0.374
HR	-0.050	1.816	0.512	0.000	0.266	0.519	0.758	1.000
WR	-0.021	1.782	0.503	0.000	0.252	0.503	0.754	1.000

表 6-2　流动性风险传染的多元线性回归结果及敏感性分析

变量	系数	敏感性
TCR	-0.00157*** (-9.39)	-0.00001
TSA	-0.00118*** (-26.66)	-0.00003
TRL	0.16226*** (374.25)	0.00050
IBAR	0.00016*** (9.56)	0.00001
HR	0.00116*** (425.90)	0.00057
WR	0.00063*** (275.68)	0.00032
constant	-0.00325*** (-282.48)	
R^2 - adjusted	0.4091	
No. of observations	858937	

注：此表显示了控制银行哑变量后的多元线性回归的结果；括号中的数字表示 t 值；带有 *** 的估计值表示在 1% 水平上显著；此表中的敏感性用某一个解释变量分别处在 25 和 75 分位数（假定其他解释变量处在中位数固定不变）时给被解释变量带来的变化量来测度。

流动性风险传染影响因素的相对重要性可以通过流动性囤积相对量对影响因素取值变化的敏感性来研究。借鉴 Andreas 和 Simone（2012）的做法，假设其他解释变量处在中位数固定不变，计算某一个解释变量分别处在 25 和 75 分位数时给被解释变量带来的变化量，利用该变化量来测度某一个解释变量的敏感性。从敏感性分析可以看出，第一个影响因素是资产折价率（*HR*）。资产折价率越高，银行从证券出售或质押中获得的流动性越少。由于债权银行对同业未担保资产的撤回而导致的处于流动性短缺的银行就越多，因而将会有更多的银行加入流动性囤积行列，这无疑将会增加流动性囤积的额度。

第二个影响因素是整个银行系统的回购负债率（*TRL*），这是一种银行特有的指标。*TRL* 越高，银行需要满足的流动性需求就越大，银行出现流动性短缺的可能性就越大，从而会引发更多的银行囤积流动性。

第三个影响因素是流动性囤积银行对银行间无担保资产的撤回比例（*WR*）。*WR* 越高意味着债权银行从其债务银行召回的无担保的银行间资产就越多，债务银行面临的流动性压力将会增加，这将导致更多的债务银行因流动性短缺而加入囤积流动性的银行行列。

第四个影响因素是系统有价证券占比（*TSA*）。较高的有价证券占比（本质上也是一种银行特有的指标）会减少因风险传染而导致的流动性囤积的相对数量。虽然有价证券按照一定的折价率出售或质押获取的资金小于有价证券的账面价值，但有价证券占比越高，银行应对流动性囤积的能力越强，流动性囤积的量也就越小。

对流动性囤积量影响程度最弱的是现金准备金率（*TCR*）和触发银行的无担保同业资产比率（*IBAR*）。现金储备是完全流动的资产，现金储备率越高，意味着银行有更多的流动性资产来满足债权银行对同业未担保资产的提取，这将降低流动性囤积行为。触发银行未担保同业资产占比（*IBAR*）越大，流动性囤积的比例就越高。

三、稳健性检验

为了验证以上结论的稳健性，本书进行了稳健性检验。借鉴范小云等（2012）、Christoph 和 Angelika（2013）的做法，改变 *WR* 或 *HR* 的随机抽取方式，将其设定为特定的值来进行稳健性检验。例如，设置 *WR* =0.25 或 0.75，通过多元线性回归发现，除 *WR* 以外的其他各变量系数的符号没有改变，流动性风险传染影响因素的相对重要性也没有改变，详情如表 6－3 所示；同理，设置 *HR* =0.25 或 0.75，通过多元线性回归并进行敏感性分析得到类似的结果。稳健性检验为本部分研究结果的可靠性提供了进一步的证据。

表 6－3　稳健性检验

变量	(1) WR =0.25		(2) WR =0.75		(3) HR =0.25		(4) HR =0.75	
	系数	敏感性	系数	敏感性	系数	敏感性	系数	敏感性
TCR	−0.00031 *** (−5.28)	−0.00000	−0.00136 *** (−7.03)	−0.00001	−0.00045 *** (−35.33)	−0.00000	0.01858 *** (247.94)	0.00015
TSA	−0.00048 *** (−30.16)	−0.00001	−0.00150 *** (−29.05)	−0.00004	−0.00027 *** (−72.44)	−0.00001	−0.00973 *** (−439.12)	−0.00027
TRL	0.07634 *** (516.99)	0.00024	0.243160 *** (496.19)	0.00075	0.02191 *** (639.05)	0.00006	0.22104 *** (981.39)	0.00070
IBAR	0.00004 *** (7.01)	0.00000	0.00026 *** (14.25)	0.00002	−0.00016 *** (−110.39)	−0.00001	0.00011 *** (12.18)	0.00001
HR	0.00055 *** (602.88)	0.00026	0.00175 *** (576.49)	0.00084	—	—	—	—
WR	—	—	—	—	0.00011 *** (524.32)	0.00006	0.00090 *** (657.55)	0.00045
constant	−0.00147 *** (−367.32)		−0.00452 *** (−298.78)		−0.00035 *** (−343.28)		−0.00306 *** (−312.73)	
R^2 − adjusted	0.5160		0.4978		0.4829		0.7130	
No. of observations	860644		860445		763748		901732	

注：*** 表示在 1% 水平内显著。

第三节 基于流动性短缺数据的传染影响因素计量分析

本节在第五章模拟传染结果的基础上，从流动性短缺的视角统计出相关数据，对银行规模、银行资产关联度和银行负债关联度是否作用于我国商业银行流动性风险传染进行计量检验和异质性研究，以深入探究这些因素对我国商业银行流动性风险传染的影响机理。

一、计量检验设计

（一）变量选择

对于被解释变量，用流动性短缺银行数、流动性短缺额度及流动性风险传染轮数从不同的角度来刻画流动性风险传染状况。在计量检验中，选择流动性短缺银行数作为被解释变量流动性风险传染的主要代理变量。为了验证结论的稳健性，还选取流动性短缺额度及流动性风险传染轮数作为被解释变量的验证变量。

对于主要解释变量，选择银行规模、银行资产关联度和银行负债关联度。对于银行规模，使用银行资产的相对规模，即触发银行 i 在 t 年的资产与银行系统总资产之比。对于银行关联度，参照范小云等（2012）的做法，选取银行间资产占比和银行间负债占比年度数据作为衡量各银行与其他银行的资产关联度和银行负债关联度指标。其中银行间资产占比是指触发银行 i 资产负债表中存放境内银行同业和拆放境内银行同业之和占整个银行部门未担保同业资产总和的比例，用 *TIBAW* 表示；银行间负债占比指触发银行 i 境内银行同业存放和境内银行同业拆入之和占整个银行部门的比例，用 *TIBLW* 表示。

在控制变量方面，在 Andreasand 和 Simone（2012）、Christoph 和 Angelika（2013）及吴念鲁等（2017）研究的基础上，结合前文的研究结果，构建了反映银行系统特征的四个控制变量：系统现金储备占比（*TCR*）、系统有价证券占比（*TSR*）、系统逆回购占比（*TRRA*）以及系统回购占比（*TRL*）。基于 Gai 等（2011）的研究以及前文的研究结果，选择资产折价率（*HR*）和同业资产撤回比例（*WR*）作为控制变量。变量具体名称与定义如表 6－4 所示。

表 6－4　变量名称及定义表

变量名称	变量类型	变量代码	变量定义
流动性风险传染	被解释变量	$LRCN_{i,t}$	触发银行 i 在 t 年所引起的流动性短缺银行数量
		$TLSR_{i,t}$	触发银行 i 在 t 年所引起的系统流动性短缺总额与 128 家银行总资产之比再乘以 100
		$LRCR_{i,t}$	触发银行 i 在 t 年所引起的流动性风险传染轮数
资产关联度	解释变量	$TIBAW_{i,t}$	触发银行 i 在 t 年的未担保同业资产/银行系统未担保同业资产之和
负债关联度	解释变量	$TIBLW_{i,t}$	触发银行 i 在 t 年的未担保同业负债/银行系统未担保同业负债之和
银行规模	解释变量	$SIZEW_{i,t}$	触发银行 i 在 t 年的资产/银行系统总资产
系统现金储备占比	控制变量	$TCR_{i,t}$	除触发银行 i 以外的其他银行在 t 年现金储备之和/128 家银行总资产
系统有价证券占比		$TSR_{i,t}$	除触发银行 i 以外的其他银行在 t 年有价证券之和/128 家银行总资产
系统逆回购占比		$TRRA_{i,t}$	除触发银行 i 以外的其他银行在 t 年逆回购资产之和/128 家银行总资产
系统回购占比		$TRL_{i,t}$	除触发银行 i 以外的其他银行在 t 年的回购负债之和/128 家银行总资产
资产折价率		$HR_{i,t}$	触发银行 i 触发时从（0，1）均匀分布中随机抽取
同业资产撤回比例		$WR_{i,t}$	触发银行 i 触发时从（0，1）均匀分布中随机抽取

（二）模型设计

为研究银行规模、资产关联度和负债关联度对流动性风险传染的影响及其机理，我们设计了如下基础模型：

$$LRCN_{i,t} = \alpha_0 + \alpha_1 TIBAW_{i,t} + \alpha_2 TIBLW_{i,t} + \alpha_3 SIZEW_{i,t} + \alpha_4 CONTRALS_{i,t} + \mu_{i,t} \tag{6-2}$$

式中，*CONTRALS* 为控制变量向量，即 $CONTRALS_{i,t} = \{TCR_{i,t}, TSR_{i,t}, TRRA_{i,t}, TRL_{i,t}, HR_{i,t}, WR_{i,t}\}$。$\alpha_0$ 为常数项系数，α_1 为银行资产关联度系数，α_2 为银行负债关联度系数，α_3 为银行规模系数，α_4 为系数向量，$\mu_{i,t}$为随机扰动项。各变量的描述性统计如表 6－5 所示。

表 6－5　各变量的描述性统计

变量	观测值	Mean	Min	50% quantile	Max
LRCN	903000	7.8385	0.0000	4.0000	76.0000
TLSR	903000	0.0478	0.0000	0.0127	1.1704
LRCR	903000	1.0458	0.0000	1.0000	6.0000
SIZEW	903000	0.0062	0.0001	0.0009	0.1650
TIBAW	903000	0.0078	0.0000	0.0013	0.2587
TIBLW	903000	0.0070	0.0000	0.0011	0.2101
TCR	903000	0.0252	0.0193	0.0234	0.0315
TRRA	903000	0.0457	0.0180	0.0475	0.0673
TSR	903000	0.1187	0.0921	0.1163	0.1464
TRL	903000	0.0172	0.0148	0.0168	0.0227
HR	903000	0.4965	0.0001	0.4999	0.9998
WR	903000	0.5018	0.0001	0.5068	0.9995

二、计量检验结果及分析

表 6－6 是采用混合最小二乘法对式（6－2）进行回归的结果。为排除多项变量之间的干扰性，依次叠加解释变量进行回归检验，以确保结果的稳健性。第（1）列只涵盖了银行资产关联度（*TIBAW*）这个主要解释变量，其系数在 1% 的水平上显著为正（6.5796，t＝8.26）；第（2）列是在第（1）列的

基础上增加了银行负债关联度（*TIBLW*），银行资产关联度的系数依然为正，且在1%的水平上显著（7.1244，t=8.45），银行负债关联度的系数不显著；第（3）列是涵盖了银行资产关联度、银行负债关联度和银行规模（*SIZEW*）三个主要的解释变量，回归结果显示，银行资产关联度的系数依然在1%的水平上显著为正（6.5462，t=7.45），银行负债关联度的系数依然不显著，银行规模的系数在1%的水平上显著为负（-19.4025，t=-3.29）。从第（1）列、第（2）列及第（3）列可以看出，在控制了银行系统的影响因素及资产折价率和同业资产撤回比例后，银行资产关联度越高，流动性风险传染越严重，所导致的流动性短缺的银行数量越多；对于银行负债关联度，因为系数不显著，说明其对流动性风险的传染没有多大影响；银行的相对规模越小，流动性风险传染效应越大，所导致的流动性短缺的银行数量越多。

为了进一步研究银行关联度及其规模在上市银行和非上市银行中对流动性风险传染的影响机理是否具有异质性，本书将研究样本分为上市银行和非上市银行两组分别进行混合回归，其结果如表6-6中的第（4）列和第（5）列所示。同时，为检验组间*TIBAW*、*TIBLW*及*SIZEW*系数差异的显著性，通过执行基于SUR模型的检验得到了对应组间系数的p-values。根据基于SUR模型的检验，组间回归*TIBAW*的系数分别为4.7924和8.5747，对应的p-values为0.1352，表明*TIBAW*的系数在组间不存在显著差异[①]；同样地，组间TIBLW的回归系数对应的p-values为0.6314，表明*TIBLW*的系数在两组之间不存在显著差异；上市银行和非上市银行*SIZEW*的系数分别为-21.2221和14.7607，对应的p-values为0.0558，表明*SIZEW*的系数在两组之间10%水平内存在显著差异。因此，从第（4）和第（5）列的回归结果以及对应组间系数的p-values可知：对上市银行和非上市银行来说，银行资产关联度对流

① 因p值大于0.1。

动性风险传染的影响与全样本一样，都有显著的正向影响，而且这个影响没有明显的差别；银行负债关联度则对流动性风险的传染没有影响；对上市银行来说，银行的相对规模对流动性风险传染有显著的负向影响，与全样本一样，但对非上市银行来说，银行相对规模对流动性风险传染则没有影响。

表6－6　银行规模、关联度对流动性风险传染的影响

	(1)	(2)	(3)	(4) 上市银行	(5) 非上市银行
	LRCN	*LRCN*	*LRCN*	*LRCN*	*LRCN*
TIBAW	6.5796*** (8.26)	7.1244*** (8.45)	6.5462*** (7.45)	4.7924*** (4.66)	8.5747*** (3.71)
TIBLW		-1.5345 (-1.13)	1.8770 (1.05)	2.0968 (1.06)	0.2740 (0.08)
SIZEW			-19.4025*** (-3.29)	-21.2221*** (-3.20)	14.7607 (0.84)
TCR	-97.5891*** (-2.72)	-95.4390*** (-2.62)	-62.3319* (-1.69)	-32.6086 (-0.80)	-95.6669 (-1.02)
TSR	-31.7717* (-1.77)	-29.424* (-1.66)	-26.0619 (-1.46)	-21.6329 (-1.17)	-23.9424 (-0.27)
TRRA	-58.6599*** (-4.23)	-66.9294*** (-3.78)	-38.3633** (-2.02)	-8.8938 (-0.40)	-30.1554 (-0.76)
TRL	63.2445* (1.86)	92.3710** (2.38)	157.7873*** (3.95)	83.0496* (1.88)	387.0869*** (3.90)
HR	22.1841*** (841.33)	22.1841*** (841.34)	22.1841*** (841.34)	22.3942*** (377.17)	22.1310*** (752.13)
WR	0.0949*** (4.92)	0.0949*** (4.92)	0.0949*** (4.92)	0.3326*** (7.66)	0.0348 (1.62)
年度/银行	控制	控制	控制	控制	控制
Cons	1.3340 (0.41)	0.9252 (-0.29)	-2.0454 (-0.63)	-3.4017 (-1.00)	-7.9686 (-0.58)
N	903000	903000	903000	182000	721000
R^2	0.6853	0.6853	0.6853	0.6857	0.6852

注：***表示在1%水平内显著，**表示在5%水平内显著，*表示在10%水平内显著；括号内为t值。

基于上述计量结果，银行相对规模对流动性风险传染存在负向影响且具有异质性的原因，很可能是上市银行和非上市银行在资产配置结构上存在差异。上市银行受股票投资者等外部监督力度远高于非上市银行，其在盈利性、安全性和流动性三者之间更加关注资金的安全性和流动性，在相关资产方面配置更多的资金，银行相对规模越小，未担保同业资产的占比相对越大，出现流动性短缺后囤积的流动性会上升，因囤积行为而引发的流动性短缺银行数会越多，流动性风险传染会越严重。

三、稳健性检验

为验证结果的稳健性，本节将流动性风险传染用另外两个变量：流动性短缺额度（*TLSR*）和流动性风险传染轮数（*LRCR*）来代替，并分别进行混合回归，结果如表6－7所示。从表中可以看出，两个回归中触发银行相对规模系数都在10%的水平上显著（－0.1099，t＝－1.66；－0.4947，t＝－1.71）；触发银行资产关联度系数都1%的水平上显著（0.1086，t＝8.78；0.5551，t＝9.62）；而负债关联度的系数都不显著。用于稳健性检验的回归结果与主回归结果一致，说明本部分的计量结论具有稳健性。

表6－7　稳健性检验

	(1) *TLSR*	(2) *LRCR*
TIBAW	0.1086*** (8.78)	0.5551*** (9.62)
TIBLW	0.0268 (1.38)	0.0924 (1.07)
SIZEW	－0.1099* (－1.66)	－0.4947* (－1.71)

续表

	(1) *TLSR*	(2) *LRCR*
TSR	0.5756 (0.99)	-4.7278* (-1.81)
TCR	0.4615** (2.24)	-1.3951 (-1.64)
TRRA	-0.7165*** (-3.35)	-3.5647*** (-3.61)
TRL	5.4540*** (8.88)	10.8083*** (3.93)
HR	0.1709*** (525.37)	0.5914*** (405.42)
WR	0.0564*** (217.12)	0.1710*** (139.42)
Cons	-0.2383*** (-5.74)	1.0112*** (5.57)
N	903000	93000
R^2	0.4696	0.3460

注：***表示在1%水平内显著，**表示在5%水平内显著，*表示在10%水平内显著；括号内为t值。

第四节　本章小结

基于第五章的模拟结果及由此统计出来的相关数据，本章对我国商业银行流动性风险传染影响因素做了两类实证分析。一是从流动性囤积额度视角，对影响我国商业银行流动性风险传染的因素进行计量检验，并对其影响大小进行敏感性分析，以挖掘这些因素对我国商业银行流动性风险传染影响效应的大小；二是从流动性短缺视角，对银行规模、银行资产关联度和银行负债关联度是否作用于我国商业银行流动性风险传染进行计量检验和异质性研究，以深入探究这些因素对我国商业银行流动性风险传染的影响机理。因此，本章研究结论也主要分为两大类，具体如下：

银行系统的现金储备率、银行系统的有价证券占比、银行系统的回购债务比率、触发银行的无担保银行同业资产占比、资产折价率和囤积银行召回的无担保同业资产比例对我国商业银行流动性风险传染均具有显著的影响。其中，提高整个银行系统的现金准备金率或有价证券占比，会降低我国商业银行流动性风险传染效应；整个银行系统回购负债率或触发银行无担保同业资产比率下降，我国商业银行流动性风险传染效应会下降；资产折价率或银行间无担保资产的撤回比例下降，会降低流动性囤积的相对量，从而降低流动性风险传染效应。在这六个影响因素中，首先是资产折价率的影响程度最大；其次是系统回购负债率；再次是流动性囤积银行对银行间无担保资产的撤回比例；最后是系统有价证券占比；对流动性风险传染影响程度较弱的是现金准备金率和触发银行的无担保同业资产比率。

根据 Andreasand 和 Simone（2012）、Christoph 和 Angelika（2013）以及吴念鲁等（2017）的研究，在控制了系统现金储备占比、系统有价证券占比、系统逆回购占比、系统回购占比、资产折价率以及同业资产撤回比例六个变量的基础上，通过计量模型检验了银行规模、资产关联度和负债关联度对流动性风险传染的影响。研究结果表明：银行资产关联度越高，流动性风险传染越严重，所导致的流动性短缺的银行数量越多；而对于银行负债关联度，其对流动性风险的传染没有影响；银行的相对规模对流动性风险传染具有负向影响，而且该影响具有异质性。即对于上市银行而言，银行的相对规模越小，流动性风险传染效应越大，所导致的流动性短缺的银行数量越多；对于非上市银行而言，银行规模对流动性风险传染则没有影响。

第七章　结论及政策建议

第一节　主要结论

一、关于银行流动性风险影响因素及影响机理方面的结论

利用 2003～2016 年我国 84 家商业银行的相关数据，就宏观经济波动对我国商业银行流动性风险的影响及其机理进行了研究。研究结果：①宏观经济波动对我国商业银行流动性风险具有显著的正向影响；②宏观经济波动对银行流动性风险的影响不具有对称性，即在整体经济环境较差时，宏观经济波动对商业银行流动性风险的正向影响更为显著；③对于资本充足率较高的银行，宏观经济波动对商业银行流动性风险的影响较小；④银行杠杆率的提高，使得宏观经济波动对商业银行流动性风险的作用更强；⑤对于规模较大的银行，其流动性风险受宏观经济波动的影响相对较小。

基于《巴塞尔协议Ⅲ：流动性覆盖率和流动性风险监测标准》和《巴塞

尔协议Ⅲ：净稳定资金比率》度量流动性风险指标的方法，选取了我国157家商业银行2008～2017年非平衡面板数据，构建以银行信贷行为为中介的传导途径，针对货币政策如何影响银行流动性风险展开实证研究，研究结果如下：①扩张型货币政策使商业银行承担更多的流动性风险，即降低1%的存款准备金率会引起净稳定资金率降低2.03%、流动性覆盖率降低1.19%；②在经济下行期，扩张型货币政策对流动性风险的扩张效应减弱；③对于上市银行和非上市银行而言，扩张型货币政策对流动性风险的扩张效应并不具有异质性；④在货币政策对流动性风险的影响过程中，银行信贷行为是重要的传导渠道，即扩张型货币政策会导致商业银行信贷规模扩大，而信贷规模的加大会提升银行流动性风险。

二、关于银行流动性风险传染效应及其影响因素方面的结论

基于银行间资产负债表中债权债务的相互关联，借鉴相关文献的做法，采用最大熵原理建立了由129家银行组成的我国银行间市场网络。在假定2010～2016年129家样本银行中的每一家银行都分别因外生性原因而出现流动性短缺进而开始囤积流动性的基础上，来模拟我国银行流动性风险的传染效益，并分别从流动性囤积和流动性短缺两个层面来统计相关传染的结果，进行系统的分析，研究结果表明：①面对流动性冲击，我国银行系统是脆弱的；②在样本期内，2010年流动性风险传染效应最小，银行系统相对最稳定，2013年次之，从2014年开始，流动性风险传染效应开始加大，我国银行系统的不稳定性在逐步提升；③在流动性风险传染中，除国有控股银行出现流动性危机会带来较大的传染效应外，民生银行、浦发银行和光大银行等股份制银行以及北京银行、宁波银行等城商行若出现流动性危机，也会引发较大的流动性风险。

利用我国银行流动性风险传染模拟产生的海量数据分别对我国银行流动性

风险传染的影响因素从两个层面进行计量分析，并对相关因素的影响进行敏感性和异质性研究，研究结果表明：①银行系统的现金储备率、银行系统的有价证券占比、银行系统的回购债务比率、触发银行的无担保银行同业资产占比、资产折价率和囤积银行召回的无担保同业资产比例对我国商业银行流动性风险传染均具有显著的影响。其中，提高整个银行系统的现金准备金率或有价证券占比，会降低我国商业银行流动性风险传染效应；整个银行系统回购负债率或触发银行无担保同业资产比率下降，我国商业银行流动性风险传染效应会下降；资产折价率或银行间无担保资产的撤回比例下降，会降低流动性囤积的相对量，从而降低流动性风险传染效应。②在这六个影响因素中，资产折价率的影响程度最大，其次是系统回购负债率，再次是流动性囤积银行对银行间无担保资产的撤回比例，最后是系统有价证券占比；对流动性风险传染影响程度较弱的是现金准备金率和触发银行的无担保同业资产比率。③在控制了银行系统现金储备率、系统有价证券占比、系统逆回购比率、系统回购占比、资产折价率以及同业资产撤回比例六个变量的基础上，通过计量模型检验了银行规模、资产关联度和负债关联度对流动性风险传染的影响，研究结果表明：银行资产关联度越高，流动性风险传染越严重，所导致的流动性短缺的银行数量越多；而对于银行负债关联度，其对流动性风险的传染没有影响；银行的相对规模对流动性风险传染具有负向影响，而且该影响具有异质性。即对于上市银行而言，银行的相对规模越小，流动性风险传染效应越大，所导致的流动性短缺的银行数量越多；对于非上市银行而言，银行规模对流动性风险传染则没有影响。

第二节　政策建议

一、对银行机构而言

第一，建立动态的流动性缓冲机制。当经济处于上行期时，因受投资者、市场等多重因素的影响，商业银行的流动性风险不断累积加大；当经济处于下行期时，受到监管部门、市场等多重因素的影响，经济上行期银行积累起的流动性风险有可能随时爆发，对银行体系乃至整个经济系统带来较为严重的后果。为了有效抑制银行流动性风险的累积以及可能出现的集中爆发，银行机构需要建立起动态的流动性缓冲机制，即经济繁荣时，银行增加流动性缓冲头寸，以便能缓释因风险集中爆发所带来的流动性不足的危机，防止银行因流动性冲击抛售银行资产或缩减银行信贷规模，保证银行体系的平稳运行。

第二，建立差异化的流动性缓冲机制。宏观经济波动对商业银行流动性风险的影响具有异质性，即对于银行规模越大、杠杆率越高的银行，宏观经济波动给流动性风险带来的正向影响越大。因此，银行应根据自身的实际情况建立差异化的缓冲机制，即对于规模越大、杠杆率越高的商业银行，在经济上行期应持有高于平均水平的流动性缓冲头寸；反之则相反。

第三，优化资产负债结构和期限结构。银行的流动性与其所持有的资产负债结构高度相关。当经济处于上行期时，银行持有的资产变现较为容易，此时流动性水平较高；但是当经济变得萧条时，银行所持资产较难变现，面临的流动性风险加大。如果银行的大额存款份额较大，则会出现难以及时满足客户提取资金的风险。因此，银行应根据资产负债的流动性，结合自身的风险承担能力来确立合理的资产负债结构。同时，由于资产负债的期限错配也会导致流动性风险，银行也需要根据宏观经济状况和自身实际，合理确定其资产负债的期限结构。

第四，加强信贷规模和信贷质量的管理，避免因货币当局实施积极的货币政策而降低了信贷审批的标准，导致所面临的流动性风险变大。

第五，丰富金融产品，增加资产种类，优化资产结构，降低银行收益对信贷资产规模的依赖，弱化在货币政策对银行流动性风险影响过程中信贷传导渠道的作用。

二、对监管机构而言

第一，根据经济繁荣与否调整监管标准，实施差异化的监管模式。鉴于宏观经济波动对银行流动性风险正向影响的非对称性，监管机构应根据不同的经济状况，针对银行制定不同的监管标准。具体而言，在经济上行期，监管部门可提高银行的资本充足率、降低坏账损失率；反之则相反。鉴于宏观经济波动对银行流动性风险正向影响的异质性，监管部门应根据银行的规模、资本充足情况以及杠杆水平的不同，给银行提出不同的流动性监管标准。

第二，科学地设定监管标准的下限。监管机构基于各种情况下的流动性压力测试，科学设定监管标准的下限，针对我国商业银行资产负债结构特征和信息披露的透明度，适当调整构建流动性风险所包含的指标及相应的折算比例，制定符合我国银行业发展的监管标准条例，提升流动性风险的监管效率。

第三，努力提升管控银行流动性风险的能力。在我国积极推进《巴塞尔协议Ⅲ》以加强对商业银行监管的前提下，监管机构一方面进一步提高管控我国商业银行流动性风险的能力，及时指引商业银行流动性风险管理的方向；另一方面，积极防范复杂的管理工具可能对商业银行资产负债结构产生的不利影响，时刻关注用于转移和缓解流动性风险的手段或工具的有效性。

第四，加强对系统重要性银行的监管。在日常监管中，不但要重点监控国有控股银行的流动性，还要加大对全国股份制银行和一些城商行如北京银行和宁波银行流动性的关注，因为它们若出现流动性短缺，也有可能导致严重的系统流动性危机。

第五，加强对同业业务快速扩张银行的监督。同业业务的快速扩张会带来各种风险隐患，尤其是通过银行间资产与其他银行关联程度较高的银行，一旦出现流动性短缺将会导致较多的银行出现流动性危机，因此，监管部门应要加强对同业资产占比较高的银行的监管。

附　录

附录一　2010～2016年样本银行总资产在中国银行业的比重

年份		2010	2011	2012	2013	2014	2015	2016
中国银行业	银行总数（家）	3769	3800	3747	3949	4091	4262	4399
	总资产（十亿元）	95305	113287	133622	151355	172336	199345	2322532
样本银行	银行总数（家）	129	129	129	129	129	129	129
	样本银行数与中国银行业总数之比（%）	3.42	3.39	3.44	3.27	3.15	3.03	2.93
	总资产（十亿元）	81572	96375	112838	126460	143415	162770	187670
	样本银行总资产与中国银行业总资产之比（%）	85.59	85.07	84.45	83.55	83.22	81.65	80.80

资料来源：《中国银行业监督管理委员会2016年年报》、BvD数据库。

附录二　银行名称及缩写

银行	缩写	分类	银行	缩写	分类
国家开发银行	CDB	—	招商银行	CMB	股份制商业银行
工商银行	ICBC	国有控股银行	浦发银行	SPDB	股份制商业银行
农业银行	ABC	国有控股银行	兴业银行	IBC	股份制商业银行
中国银行	BOC	国有控股银行	民生银行	CMBC	股份制商业银行
建设银行	CCB	国有控股银行	平安银行	PAB	股份制商业银行
交通银行	BOCO	国有控股银行	光大银行	CEB	股份制商业银行
进出口银行	EIB	政策性银行	中信银行	CITIC	股份制商业银行
农业发展银行	ADBC	政策性银行	北京银行	BOB	城市商业银行
			宁波银行	BON	城市商业银行

附录三　我国银行间市场网络构建程序

```
clear,clc
AI = xlsread('F:\.xlsx','同业资产比例');% AJ 为同业资产比重 2010 - 2016 年的矩阵;
LJ = xlsread('F:\.xlsx','同业负债比例');% LI 为同业负债比重 2010 - 2016 年的矩阵;
N1 = 130;% N1 为银行数量 +1
N = 129;% N 为触发倒闭银行数量
year = 7;
% ————————计算 X1 矩阵、ai 以及 lj
ai = AI(:,year);% 是个列向量
lj = LJ(:,year);% 是个列向量
X = ai * lj';
X1 = X;
for k1 = 1:N1
    for k2 = 1:N1
        if k1 == k2
            X1(k1,k2) = 0;
        end
    end
end
```

```
%——————RAS算法最优求解
nn=10000;%迭代次数
for i=1:nn
    %——————行乘数
    aa=sum(X1,2);
    r=ai./aa;
    m1 =length(r);
    X1 =X1. * repmat(r,[1,m1]);
    %——————列乘数
    ll=sum(X1);
    z=lj'./ll;
    m2 =length(z);
    X1 =X1. * repmat(z,[m2,1]);
  if sum(ai-aa) = =0&&sum(lj'-ll) = =0
     break
    end
end
%
X2=X1;
X2(N1,:)=[];
X2(:,N1)=[];
```

附录四 我国银行间市场流动性风险传染模拟程序

```
%
clear,clc
clear,clc

X2_2010 = xlsread('E:\模拟得到的129家同业拆借矩阵.xlsx','2010年129家银行同业拆借比例矩阵');
X2_2011 = xlsread('E:\模拟得到的129家同业拆借矩阵.xlsx','2011年129家银行同业拆借比例矩阵');
X2_2012 = xlsread('E:\模拟得到的129家同业拆借矩阵.xlsx','2012年129家银行同业拆借比例矩阵');
X2_2013 = xlsread('E:\模拟得到的129家同业拆借矩阵.xlsx','2013年129家银行同业拆借比例矩阵');
X2_2014 = xlsread('E:\模拟得到的129家同业拆借矩阵.xlsx','2014年129家银行同业拆借比例矩阵');
X2_2015 = xlsread('E:\模拟得到的129家同业拆借矩阵.xlsx','2015年129家银行同业拆借比例矩阵');
X2_2016 = xlsread('E:\模拟得到的129家同业拆借矩阵.xlsx','2016年129家银行同业拆借比例矩阵');

X2_All = {X2_2010;X2_2011;X2_2012;X2_2014;X2_2014; X2_2015; X2_
```

2016};

[CR,bankinfor] = xlsread('E:\程序初步 129 家数据.xlsx','现金储备CR');%CR 为现金储备 2010－2016 年的矩阵

CA = xlsread('E:\程序初步 129 家数据.xlsx','可担保资产 CA');%CA 为可担保资产 2010－2016 年的矩阵

RRA = xlsread('E:\程序初步 129 家数据.xlsx','买入返售 RRA');%RRA 为买入返售金融资产 2010－2016 年的矩阵

RL = xlsread('E:\程序初步 129 家数据.xlsx','卖出回购 RL');%RL 为卖出回购金融资产 2010－2016 年的矩阵

IBL = xlsread('E:\程序初步 129 家数据.xlsx','同业负债 IBL');%同业负债 IBL

TIBL = xlsread('E:\程序初步 129 家数据.xlsx','同业负债总额 TIBL');%TIBL 为同业负债总额 2010－2016 年的矩阵

A = xlsread('E:\程序初步 129 家数据.xlsx','资产 A');%资产 A

IBA = xlsread('E:\程序初步 129 家数据.xlsx','同业资产 IBA');%同业资产 IBA

TIBA = xlsread('E:\程序初步 129 家数据.xlsx','同业资产总额 TIBA');%同业资产总额 TIBA

N = 129%N 为系统中银行的总数,也是触发倒闭银行数量

bankname = bankinfor(3:131, 2);

delete '计算结果_未排序.csv';

AllInfors = {'银行编号','银行','年度','抽取次数', 'lost_liquid', 'lost_liquid_yf', 'lost_liquid_yfR', 'lost_short(TRB)', 'lost_short_R', 'last_bankdown', 'SLC', 'HR',

```
'WR', 'TCR', 'TRRA', 'TCA', 'TRL', 'TIBA -', 'TIBL_', 'TIBAW', 'TIBLW', '
SIZEW'};
    fid = fopen('计算结果_未排序.csv','w');
    for fprintfIndex = 1:length(AllInfors)
        fprintf(fid,'%s,', cell2mat(AllInfors(fprintfIndex)));
    end
    fprintf(fid,'\n');
    years = 7;
    randCount = 1000;%随机轮数
    for year = 1:years%循环每一年
        for randIndex = 1:randCount%每一轮抽取
            X2 = X2_All{year};
            HR = rand;%0.1;%HR 折价率
             WR = rand * 1000000000 /999999999;%//100000 00000 /99999
                   99999;%1;%某银行被债权银行收回同业负债的比例
            WR = min(1, WR);


            %——————————————————————————————————————
            cr = CR(:,year);%cr 为第 year 年 130 家银行的现金储备
            ca = CA(:,year);%ca 为第 year 年 130 家银行的可担保资产
            rra = RRA(:,year);%rra 为第 year 年 130 家银行的买入返售金融
                资产
            rl = RL(:,year);%rl 为第 year 年 130 家银行的卖出回购金融资产
            X3 = X2 * TIBL(2,year);%X3 为第 year 年 130 家银行的同业拆
                借矩阵
```

```
asset = A(:,year);%资产 A
iba = IBA(:,year);%同业资产 IBA
ibl = IBL(:,year);%同业负债 IBL
tiba = TIBA(2,year);%同业资产总额 TIBA
bankdown_num = zeros(N);
temp_bankdown = zeros(N);
SLC = zeros(N,1);
lost_liquid = zeros(N,1);
lost_liquid_zs = zeros(N,1);
lost_liquid_yf = zeros(N,1);
lost_ava = zeros(N,1);
lost_ava_yf = zeros(N,1);
lost_short = zeros(N,1);
hca = (1 - HR) * ca;
ava = [cr hca rra - rl];

for TRB = 1:N
    down_num = zeros(1,N);
    down_num(TRB) = 1;
    newdown_num = down_num;
    for k = 1:N
        for ii = 1:N
            if down_num(ii) == 0
                if cr(ii) + rra(ii) + (1 - HR) * ca(ii) - rl(ii) -
                WR * down_num * X3(:,ii) <= 0
```

```
                newdown_num(ii) =1;
            end
        end
    end
    inn = sum(newdown_num - down_num);
    bankdown_num(k,:) =newdown_num;
    if inn = =0                    %k 终止的条件
        break
    end
    down_num = newdown_num;
end
LC =k -1;% 传染轮数
SLC(TRB) =LC;%130 家银行分别作为触发银行所引起的传
             染的轮数
temp_bankdown(TRB,:) =bankdown_num(k,:);

location = find(bankdown_num(k,:));% 开始计算触发银行
导致的全系统召回的流动性总额
long = numel(location);
lost_X = zeros(long,N);
lost_A = zeros(long,4);
for nn =1:long
    lost_X(nn,:) =X3(location(nn),:);
    lost_A(nn,:) =ava(location(nn),:);
end
```

```
    lost_liquid(TRB) = WR * sum(lost_X(:));% 第 TRB 银行触
                     发导致的系统召回流动性总额
    lost_liquid_zs(TRB) = WR * sum(X3(TRB,:));% TRB 银行
                     触发自身召回的流动性总额
    lost_liquid_yf(TRB) = lost_liquid(TRB) - lost_liquid_zs
                     (TRB);% 第 TRB 银行触发扣除自
                     身外导致的系统召回流动性总额
    lost_ava(TRB) = sum(lost_A(:));% 第 TRB 银行触发系统所
                     能获得的流动性总额
    lost_ava_yf(TRB) = sum(lost_A(:)) - sum(ava(TRB,:));%
                     第 TRB 银行触发扣除自身外系统所能获
                     得的流动性总额
    lost_short(TRB) = max(0, -(lost_ava_yf(TRB) - lost_liquid_
                     yf(TRB)));% 第 TRB 银行触发扣除自身
                     外所引起系统的流动性短缺额度

end
total_bankdown = temp_bankdown - eye(N);
last_bankdown = sum(total_bankdown,2);% 129 家银行分别作为触
                 发银行所引起的流动性短缺银行数

% 写结果文件
for TRB = 1:N

    TotalAsset = sum(asset) - asset(TRB);% 除触发银行以外的
```

```
          128家银行总资产
lost_liquid_yfR = lost_liquid_yf(TRB)/TotalAsset;
lost_short_R = lost_short(TRB)/TotalAsset;
TCR = (sum(cr) - cr(TRB))/TotalAsset;
TRRA = (sum(rra) - rra(TRB))/TotalAsset;
TCA = (sum(ca) - ca(TRB))/TotalAsset;
TRL = (sum(rl) - rl(TRB))/TotalAsset;
TIBA_ = (sum(iba) - iba(TRB))/TotalAsset;
TIBL_ = (sum(ibl) - ibl(TRB))/TotalAsset;
TIBAW = iba(TRB)/sum(iba);% 触发银行同业资产关联度
TIBLW = ibl(TRB)/sum(ibl);% 触发银行同业负债关联度
SIZEW = asset(TRB)/sum(asset);% 触发银行相对规模

 infors = {TRB, 0,2009 + year,randIndex, lost_liquid(TRB),
          lost_liquid_yf(TRB), lost_liquid_yfR, lost_short
          (TRB), lost_short_R, last_bankdown(TRB), SLC
          (TRB), HR, WR, TCR, TRRA, TCA, TRL, TIBA_,
          TIBL_, TIBAW, TIBLW, SIZEW};
 saveIndex = (TRB - 1) * years * randCount + (year - 1) *
             randCount + randIndex + 1;
for fprintfIndex = 1:length(AllInfors)

   if fprintfIndex == 2
      fprintf(fid,'%s, ', cell2mat(bankname(TRB)));
   else
```

```
                    fprintf(fid,'%f, ', cell2mat(infors(fprintfIndex)));
                end
            end
            fprintf(fid,'\n');
        end
    end
end
fclose(fid);
```

参考文献

［1］崔婕，李凯．上市银行表外业务存在流动性风险吗——后危机时期嵌套信用风险的 HLM 检验［J］．宏观经济研究，2017（12）：57－71.

［2］范小云，王道平，刘澜飚．规模、关联性与中国系统重要性银行的衡量［J］．金融研究，2012（11）：16－30.

［3］范建军．经济后果、破解对策与同业市场“钱荒”成因［J］．改革，2014（6）：94－104.

［4］冯超，王银．我国商业银行系统性风险处置研究——基于银行间市场网络模型［J］．金融研究，2015（1）：166－176.

［5］高磊．资产证券化对商业银行流动性风险影响研究［D］．对外经济贸易大学，2018.

［6］郭晔，程玉伟，黄振．货币政策、同业业务与银行流动性创造［J］．金融研究，2018（5）：65－81.

［7］黄聪，贾彦东．金融网络视角下的宏观审慎管理——基于银行间支付结算数据的实证分析［J］．金融研究，2010（4）：1－14.

［8］黄宪，熊启跃．银行资本缓冲、信贷行为与宏观经济波动——来自中国银行业的经验证据［J］．国际金融研究，2013（1）：52－65.

[9] 黄宪，王旭东．我国中央银行货币政策实施力度和节奏的规律及效果研究——基于历史演进和时变分析的视角［J］．金融研究，2015（11）：15－32.

［10］焦瑾璞，孙天琦，刘向耘．货币政策执行效果的地区差别分析［J］．金融研究，2006（3）：1－15.

［11］金秀，黄小原，冯英洁．银行资产负债管理多阶段随机规划模型［J］．系统管理学报，2007（2）：12－16.

［12］金煜．中国商业银行流动性风险：计量与管理框架［D］．复旦大学，2007.

［13］江龙，刘笑松．经济周期波动与上市公司现金持有行为研究［J］．会计研究，2011（9）：42－48.

［14］金鹏辉，张翔，高峰．银行过度风险承担及货币政策与逆周期资本调节的配合［J］．经济研究，2014（6）：73－85.

［15］刘海虹．银行危机与商业银行流动性问题研究［J］．财贸经济，1999（1）：41－46.

［16］刘海虹．浅议当前的银企债务问题对商业银行流动性的影响［J］．财经问题研究，1999（2）：63－64.

［17］廖岷，杨元元．全球商业银行流动性风险管理与监管的发展状况及其启示［J］．金融研究，2008（6）：69－79.

［18］刘湘云，杜金岷．全球化下金融系统复杂性、行为非理性与危机演化——一种新的金融危机演化机制的理论解说［J］．经济学动态，2011（7）：61－68.

［19］李守伟，何建敏，庄亚明，施亚明．基于复杂网络的银行同业拆借市场稳定性研究［J］．管理工程学报，2011（2）：195－199.

［20］李守伟，何建敏．不同网络结构下银行间传染风险研究［J］．管理

工程学报，2012（4）.

［21］李研妮，冉茂盛．商业银行流动性风险管理方法及改进研究［J］．中国管理科学，2013，19（3）：19－25.

［22］刘纪学．利率市场化环境下银行业流动性风险管理探析——基于全球金融危机与2013年上半年流动性事件的分析［J］．农村金融研究，2013（10）：16－21.

［23］李明辉，孙莎，刘莉亚．货币政策对商业银行流动性创造的影响——来自中国银行业的经验证据［J］．财贸经济，2014（10）：50－60.

［24］刘志洋，宋玉颖．商业银行流动性风险与系统性风险贡献度［J］．南开经济研究，2015（9）：131－143.

［25］廉永辉，张琳．流动性冲击、银行结构流动性和信贷供给［J］．国际金融研究，2015（4）：64－76.

［26］马君潞，范小云，曹元涛．中国银行间市场双边传染的风险估测及其系统性特征分析［J］．经济研究，2007（1）：68－78.

［27］潘敏，陶宇鸥，汪怡．商业银行长期流动性监管具有顺周期特征吗？——来自中国银行业的经验证据［J］．国际金融研究，2017（4）：78－87.

［28］彭建刚，童磊，黄向阳．国际银行业流动性风险监管的新动向［J］．经济纵横，2012（9）：99－102.

［29］盛昭瀚，张维．管理科学研究中的计算实验方法［J］．管理科学学报，2011，14（5）：1－10.

［30］隋聪，迟国泰，王宗尧．网络结构与银行系统性风险［J］．管理科学学报，2014（4）：57－70.

［31］隋洋，白雨石．中资银行应对流动性监管最新要求的策略研究［J］．国际金融研究，2015（1）：61－69.

[32] 史贞，刘娅茹，王森．后金融危机时期我国商业银行流动性风险研究［J］．国际金融研究，2019（3）：65－75.

[33] 童频，丁之锁．中国商业银行流动性管理的特征及其制度背景［J］．经济研究，2000（9）：57－61.

[34] 童牧，何奕．复杂金融网络中的系统性风险与流动性救助——基于中国大额支付系统的研究［J］．金融研究，2012（9）：20－33.

[35] 谭文凯．我国商业银行流动性风险顺周期性研究［D］．广西大学，2018.

[36] 谭春枝，王忠玉，唐菁菁．金融工程学理论与实务（第3版）［M］．北京大学出版社，2018.

[37] 谭春枝．基于复杂网络理论的银行间市场系统风险传染机制研究［M］．经济管理出版社，2018.

[38] 万阳松，陈忠，陈晓荣．复杂银行网络的宏观结构模型及其分析［J］．上海交通大学学报，2007（41）：1161－1164.

[39] 魏国雄，关注宏观流动性收紧后的商业银行流动性风险［J］．银行家，2012（3）：46－49.

[40] 王灵芝，吴忠，正反馈交易、市场效率与流动性黑洞——基于日内分笔交易数据的实证研究［J］．证券市场导报，2013（2）：48－53.

[41] 魏巍，蒋海，庞素琳．货币政策、监管政策与银行信贷行为——基于中国银行业的实证分析（2002～2013）［J］．国际金融研究，2016（5）：48－60.

[42] 王周伟，王衡．货币政策、银行异质性与流动性创造——基于中国银行业的动态面板数据分析［J］．国际金融研究，2016（2）：52－65.

[43] 吴念鲁，徐丽丽，苗海宾．我国银行同业之间流动性风险传染研究——基于复杂网络理论分析视角［J］．国际金融研究，2017（7）：34－43.

［44］项后军，陈简豪．银行杠杆的顺周期行为与流动性关系问题研究［J］．数量经济技术经济研究，2015（8）：57－72.

［45］许争．宏观审慎框架下中国商业银行流动性风险研究［D］．对外经济贸易大学，2016.

［46］徐丽丽．我国银行同业之间流动性风险传染研究——基于复杂网络理论分析视角［D］．中央财经大学，2016.

［47］徐涛，何建敏，李守伟．银行间市场风险传染与网络结构演化研究［J］．大连理工大学学报（社会科学版），2017（10）．

［48］隋修平，高磊．资产证券化对商业银行流动性风险影响综述：机制视角［J］．现代管理科学，2018（11）：84－86.

［49］杨建明．我国货币供应量对产出、物价预测能力的实证研究［J］．南开经济研究，2003（2）：8－13.

［50］杨晓光，马超群．金融系统的复杂性［J］．系统工程，2003，21（5）：1－4.

［51］叶路平，秦念茹．商业银行内部控制质量与流动性风险关系研究［J］．经济研究导刊，2014（1）：116－119.

［52］周英章，蒋振声．货币渠道、信用渠道与货币政策有效性——中国1993～2001年的实证分析和政策含义［J］．金融研究，2002（9）：34－43.

［53］张维，蒋东明，熊熊，高雅琴，安瑛辉．商业银行流动性风险管理决策程序研究［J］．东南大学学报（社会科学版），2004，6（4）：39－44.

［54］庄新田，李冰．对有效市场的挑战——资本市场分形与混沌的研究综述［J］．东北大学学报（社会科学版），2008，10（2）：133－138.

［55］张军．社会科学计算实验的研究范式［J］．实验室研究与探索，2009，28（7）：61－66.

［56］张锋华，李红刚．多主体模型下的银行网络流动性转移［J］．内蒙

古大学学报（自然科学版），2013（44）：431－434.

［57］周吉人．重新认识流动性和流动性风险管理［J］．宏观经济研究，2013（9）：3－8.

［58］张宗益，吴恒宇，吴俊．商业银行价格竞争与风险行为关系——基于贷款利率市场化的经验研究［J］．金融研究，2012（7）：1－14.

［59］Arellano M，Bond S R. Some Tests of Specification for Panel Data：Monte Carlo Evidence and an Application to Employment Equations［J］．The Review of Economic Studies，1991，58（2）：277－297.

［60］Allen & Gale. Financial Contagion［J］．Journal of Political Economy，2000（108）：1－33.

［61］Aleksiejuk & Holyst. A Simple Model of Bank Bankruptcies［J］．Physica A，2001（299）：198－204.

［62］Allen F，Gale D. Financial Fragility，Liquidity，and Asset Prices［J］．Journal of the European Economic Association，2004（2）：1015－1048.

［63］Andreas & Simone. Interbank Lending and the Spread of Bank Failures：A Network Model of Systemic Risk［J］．Journal of Economic Behavior & Organization，2012（83）：583－608.

［64］Angeloni I，Faia E. Monetary Policy and Risk Taking［J］．Journal of Economic Dynamics and Control，2013（52）：285－307.

［65］Al－Harbi A. Determinants of Banks Liquidity：Evidence from OIC Countries［J］．Journal of Economic and Administrative Sciences，2017，33（2）：164－177.

［66］Ariccia D，Marquez R. Lending Booms and Lending Standard［J］．Journal of Finance，2006（61）：2511－2546.

［67］Albert R，Jeong H，Barabasi A－L. Error and Attack Tolerance in

Complex Networks [J]. Nature, 2000 (406): 378 -382.

[68] Blundell R, Bond S. Initial Conditions and Moment Restrictions in Dynamic Panel Models [J]. Journal of Econometrics, 1998, 87 (1): 115 -143.

[69] Barabasi & Albert. Emergence of Scaling in Random Networks [J]. Science, 1999 (286): 509 -512.

[70] Bird G, Rajan R. Would International Currency Taxation and Currency Stabilisation in Developing Countries? [J]. The Journal of Development Studies, 2001 (2): 21 -38.

[71] Boss M, Elsinger H, Summer M, Thurner S. Network Topology of the Interbank Market [J]. Quantitative Finance, 2004 (4): 677 -684.

[72] Barrat A, Barth6lemy M, Pastor - Satorras R, Vespignani A. The Architecture of Complex Weighted Networks [J]. PNAS, 2004, 101 (11): 3747 -3752.

[73] Becher C, Millard S, Soramäki K. The Network Topology of Chaps Sterling [J]. Bank of England Working Paper Series, 2008 (355).

[74] Battiston S, Gatti D D, Gallegatti M, Greenwald B, Stiglitz J E Liaisons Dangereuses: Increasing Connectivity, Risk Sharing, and Systemic Risk [R]. Working Paper, 2009.

[75] Berger A N, Bouwman C H S. Bank Liquidity Creation [J]. The Review of Financial Studies, 2009, 22 (9): 3779 -3837.

[76] Berrospide J M, Edge R M. The Effects of Bank Capital on Lending: What do we Know, and What Does it Mean? [J]. International Journal of Central Banking, 2010 (4): 5 -54.

[77] Cooper R, Ross T. Bank Runs: Liquidity Costs and Investment Distortions [J]. Journal of Monetary Economics, 1998 (41): 27 -38.

[78] Christoph & Ingrid. Contagion in the German interbank market [R].

Working Paper, 2007: 1 –19.

[79] Cajueiro D, Tabak B . The Role of Banks in the Brazilian Interbank Market: Does Bank Type Matter? [J] . Physica A , 2008 (387): 6825 –6836.

[80] Cocco J, Gomes F, Martins N. Lending Relationships in the Interbank Market [J] . Journal of Financial Intermediation, 2009 (18) : 24 –48.

[81] Chami R, Cosimano T F. Monetary Policy with a Touch of Basel [J] . Journal of Economic and Business, 2010 (3): 161 –175.

[82] Christoph & Angelika. Contagion in the Interbank Market and its Determinants [J] . Journal of Financial Stability, 2013 (9): 46 –54.

[83] Castrén & Rancan. Macro – Networks: An Application to Euro Area Financial Accounts [J] . Journal of Banking & Finance, 2014 (46): 43 –58.

[84] Chen T H, Chou H H, Chang Y, et al. The Effect of Excess Lending on Banking Liquidity: Evidence from China [J] . International Review of Economics & Finance, 2015 (36) .

[85] Diamond D, Dybvig P. Bank Runs, Deposit Insurance and Liquidity [J] . Journal of Political Economy, 1983, 91 (3): 401 –419.

[86] Diamond D W, Rajan R G. Liquidity Risk, Liquidity Creation and Financial Fragility: A Theory of Banking [J] . Journal of Political Economy, 2001 (109): 287 –327.

[87] Demirgue – Kunt A, Detragiaehe E. Does Deposit Insurance Increase Banking System Stability? [J] . An Empirical Investigation. Journal of Monetary Economics , 2002 (7): 1373 –1406.

[88] Diamond D W, Rajan R G . Liquidity Shortages and Banking Crises [J] . Journal of Finance, 2005, 60 (2): 615 –647.

[89] Degryse H, Nguyen G. Interbank Exposures: An Empirical Examination

of Contagion Risk in the Belgian Banking System [J]. International Journal of Central Banking, 2007 (3): 123-171.

[90] Dietrich A, Hess K, Wanzenried G. The Good and Bad News about the New Liquidity Rules of Basel Ⅲ in Western European Countries [J]. Journal of Banking & Finance, 2014 (44): 13-25.

[91] Drǎgoi V E, Preda L E. Actions of National Bank of Romania on Bank Liquidity [J]. Valahian Journal of Economic Studies, 2017, 8 (2): 17-24.

[92] Elsinger H, Lehar A, Summer, M. Systemically Important Banks: An Analysis for the European Banking System [J]. International Economics and Economic Policy, 2006 (3): 73-89.

[93] Eboli. Systemic Risk in Financial Networks: A Graph - theoretic Approach [R]. Working Paper, 2007.

[94] Elliott M L, Golub B, Jackson M O. Financial Networks and Contagion [J]. Am. Econ. Rev., 2014 (104): 3115-3153.

[95] Franklin Allen, Elena Carletti, Douglas Gale. Interbank Market Liquidity and Central Bank Intervention [J]. Journal of Monetary Economics, 2009 (56): 639-652.

[96] Farhi E, Tirole J. Collective, Moral Hazard, Maturity Mismatch, and Systemic Bailouts [J]. American Economic Review, 2012 (1): 60-93.

[97] Goodhart C. Why do Banks Need a Central Bank? [J]. Oxford Economic Papers, 1987 (39): 75-89.

[98] Gropp R, Vesala J. Deposit Insurance, Moral Hazard and Market Monitoring [R]. European Central Bank Working Paper, 2004.

[99] Greenlaw D, Hatzius J, Kashyap A K, et al. Leveraged Losses: Lessons from the Mortgage Market Meltdown [R]. Us Monetary Policy Forum Report,

2008.

[100] Gai & Kapadia. Contagion in Financial Networks [J]. Proceedings of the Royal Society A, 2010 (466): 2401 -2423.

[101] Gai P, Haldane A, Kapadia S. Complexity, Concentration and Contagion [J]. Journal of Monetary Economics, 2011 (5): 453 -470.

[102] Gobat J, Yanase M, Maloney J F. The Net Stable Funding Ratio: Impact and Issues for Consideration [R]. IMF Working Papers, 2014.

[103] Iori G, De Masi G, Precup O V, Gabbi G, Caldarelli G. A Network Analysis of the Italian Overnight Money Market [J]. Journal of Economic Dynamics and Control, 2008 (32): 259 -278.

[104] Jimenez G, Ongena S, Peydro J, et al. Hazardous Times for Monetary Policy: What for Twenty - Three Million Bank Loans Say about the Effects of Monetary Policy on Credit Risk - Taking? [R]. Bank of Spain, Working Papers, 2009.

[105] Jiménez G, Ongena S, Peydró J, Saurina J. Hazardous Times for Monetary Policy: What do Twenty - Three Million Bank Loans Say About the Effects of Monetary Policy on Credit Risk - Taking? [J]. Econometrica, 2014, 82 (2).

[106] Kashyap A K, Stein J C, Wilcox D W. Monetary Policy and Credit Conditions: Evidence from the Composition of External Finance [J]. American Economic Review, 1993 (1): 78 -98.

[107] Kashyap A K, Rajan R, Stein J C. Banks as Liquidity Providers: An Explanation for the Co - existence of Lending and Deposit - taking [J]. Journal of Finance, 2002, 57 (1): 33 -73.

[108] Kartik Ananda, Prasanna Gaib d, Sujit Kapadiac, Simon Brennanc, Matthew Willisonc. A Network Model of Financial System Resilience [J]. Journal of Economic Behavior & Organization, 2013 (85): 219 -235.

[109] Lawrence. Liquidity Pools, Risk Sharing, and Financial Contagion [J]. Journal of Financial Services Research, 2004 (25): 15 - 23.

[110] Lelyveld I, Liedorp F. Interbank Contagion in the Dutch Banking Sector: A Sensitivity Analysis [J]. International Journal of Central Banking, 2006 (31): 99 - 133.

[111] Lee S H. Systemic Liquidity Shortages and Interbank Network Structures [J]. Journal of Financial Stability, 2013 (9): 1 - 12.

[112] Leonidoy A V, Rumyantsey E L. Default Contagion Risks in Russian Interbank Market [J]. Physica A, 2016 (451): 36 - 48.

[113] Miron J. Financial Panics, the Seasonality of the Nominal Interest Rate and the Founding of the Fed [J]. American Economic Review, 1986 (76): 125 - 140.

[114] Müller, J. Interbank Credit Lines as Channel of Contagion [J]. Journal of Financial Services Research, 2006 (29): 37 - 60.

[115] Mian A and Sufi A. The Consequences of Mortgage Credit Expansion: Evidence from the U. S. Mortgage Default Crisis [J]. Quarterly Journal of Economics, 2009, 124 (4): 1449 - 1496.

[116] May R M, Arinaminpathy, N. Systemic Risk: The Dynamics of Model Banking Systems [J]. Journal of the Royal Society Interface , 2010 (7): 823 - 838.

[117] Marcia Millon Cornett, Jamie John McNutt, Philip E. Strahan, Hassan Tehranian. Liquidity Risk Management and Credit Supply in the Financial Crisis [J]. Journal of Financial Economics, 2011 (101): 297 - 312.

[118] Martinez - Jaramillo et al. Anempirical Study of the Mexican Banking System's Networkand Its Implications for Systemicrisk [J]. Journal of Economic Dynamics and Control, 2014 (1): 1 - 24.

[119] Nier E. Network Models and Financial Stability [J]. Journal of Eco-

nomic Dynamics and Control , 2007 (31): 2033 -2060.

[120] Nikos P, Dimitrios G, Renatas K, Yiannis K. Transmission Channels of Systemic Risk and Contagion in the European Financial Network [J] . Journal of Banking & Finance, 2015 (1): 36 -52.

[121] Poorman F, Blake J. Measuring and Modeling Liquidity Risk: New Ideas and Metrics [R] . Financial Managers Society Inc, Working Paper, 2005.

[122] Prasanna Gai, Andrew Haldane, Sujit Kapadia. Complexity, Concentration and Contagion [J] . Journal of Monetary Economics, 2011 (58): 453 -470.

[123] Pagratis S, Topaloglou N, Tsionas M. System Stress Testing of Bank Liquidity Risk [J] . Journal of International Money & Finance, 2017 (73): 22 -40.

[124] Repullo Rafael. Who Should Act as Lender of Last Resort? An Incomplete Contracts Model [J] . Journal of Money, Credit and Banking, 2000, 32 (3): 580 -605.

[125] Rajan R S, Bird G. Banks Maturity Mismatches and Liquidity Crises: A Simple Model [R] . Centre for International Economic Studies Discussion Paper, 2001.

[126] Repullo R. Liquidity, Risk - Taking, and the Lender of Last Resort [J] . International Journal of Central Banking, 2005, 1 (2): 47 -80.

[127] Soramäki K, Bech M, Arnold J, Glass R, Beyeler W. The Topology of Interbank Payment Flows [J] . Physica A , 2007 (379): 317 -333.

[128] Shin. H. Financial Intermediation and the Post - crisis Financial System [J] . Paper Presented at the 8th BIS Annual Conference, 2009 (6) .

[129] Seung Hwan Lee. Systemic Liquidity Shortages and Interbank Network

Structures [J] . Journal of Financial Stability, 2013 (9): 1 –12.

[130] Silva T C. et al. Bank Lending and Systemic Risk: A Financial – real Sector Network Approach with Feedback [J/OL] . Journal of Financial Stability, http: //www. dx. doi. org/10. 1016/j. jfs. 2017. 08. 006.

[131] Upper C, Worms A. Estimating Bilateral Exposures in the German Interbank Market [J] . European Economic Review, 2004 (48): 827 –849.

[132] Upper. Simulation Methods to Assess the Danger of Contagion in Interbank Markets [J] . Journal of Financial Stability, 2011 (7): 111 –125.

[133] Van Den Heuvel S J. Does Bank Capital Matter for Monetary Transmission? [J] . Reserve Bank of New York (FRBNY) Economics Policy Review, 2002 (1): 259 –265.

[134] Van Den Heuvel S J. The Bank Capital Channel of Monetary Policy [R] . Manuscript, Department of Finance, University of Pennsylvania, 2005.

[135] Vodovà P. Determinants of Commercial Banks' Liquidity in Poland [R] . Proceedings of 30th International Conference Mathematical Methods in Economics, 2012.

[136] Vanessa H D Q, Juan C G A, José R I. Credit Risk in Interbank Networks [J] . Emerging Markets Finance and Trade, 2015 (51): 27 –41.

[137] Zhang M, He J, Li S. Interbank Lending, Network Structure and Default Risk Contagion [J] . Physica A, 2018 (493): 203 –209.

后　记

《商业银行流动性风险及其传染研究》一书虽然是本人近年潜心研究的结晶，但囿于学识水平的限制，依然不可避免地存在不足和缺憾，期盼读者的批评与指正。

书稿能够顺利出版，首先要感谢广西大学的曾海舰教授、刘运毅副教授和梁权熙副教授，感谢他们给予的鼓励和帮助；其次要感谢中国人民银行钦州市支行的潘小玉、东莞实业投资控股集团有限公司的杨义以及博士生耿晓旭，他们参与了部分章节的前期研究和资料收集、处理工作。

谭春枝

2020 年 8 月 8 日